グローバル教育を考える

教育とビジネスの現場にみるグローバル教育の潮流

アルク教育総合研究所・監

はじめに

　アルク教育総合研究所が「過去1年の間に英語で仕事をした人」を対象に行った2014年の調査では、英語で「メールを書く」「電話で話す」その仕事相手に関して英語の「ネイティブスピーカー」と「非ネイティブスピーカー」の割合に大差ないことがわかりました。

　共通言語としての英語が使われているさまざまな現場では、世界に14〜18億人いるといわれる非ネイティブスピーカーが互いに、または4億人のネイティブスピーカーとある程度の不自由を感じながらも、今の英語能力で理解しあえる「共通の場」を探りながら、なんとか関係を築く努力が重ねられている。それが「グローバル化した社会」の実態です。

　「グローバル化した社会」で英語は1つの道具です。しかし共通の母語を持たない者同士が信頼関係を築くとき、それだけでは十分でない。相手に伝えたい中身を持つこと、さらに、相手から信頼を勝ち得るための源泉となる自分なりの価値観を持つことも重要です。

　今、私たちに必要なのは、誤りを犯すリスクを取ってでも手持ちの知識をフルに使って英語でコミュニケーションをとる勇気と、相手の言いたいことを受け止めるしなやかな精神です。自分の専門分野・得意分野でまず「言うべきこと」を持ち、「言いたいこと」を持っているはずの相手の発言を受け止める。そのやり取りを重ねるプロセスが、仕事仲間と協力関係を、仕事相手と信頼関係を築くためには重要です。

　アルクは「使うための英語」の教育の実現を目指して出版物を出し通信講座を開発し研修サービスを提供してきました。本書は、言語教育に限定せず広く取材先を求め、教育現場や産業界に見られる「グローバル化」の趨勢をまとめたものです。多様な動きを概観し振り返ることで、「グローバル化社会」で日本の教育が目指すべき方向性を再確認したいと考えます。

2015年5月
アルク教育総合研究所所長　平野琢也

目　次

はじめに　3
目次　4

Ⅰ部　グローバル教育を考える　5

Ⅰ-1　グローバル教育とは　7

　Column 1　海外レポート◎パリ　44

Ⅰ-2　日本の教育の課題　49

　Column 2　海外レポート◎香港　98

Ⅰ-3　語学教育と大学入試　103

　Column 3　下村文部科学大臣インタビュー　136

Ⅱ部　グローバル社会で通用する英語　141

Ⅱ-1　「社会人の英語使用実態調査」の目的　143

Ⅱ-2　「社会人の英語使用実態調査」の結果　151

　　あとがきにかえて　グローバル教育のゆくえ　193

I部
グローバル教育を考える

I-1　グローバル教育とは　　06
I-2　日本の教育の課題　　　48
I-3　語学教育と大学入試　　103

謝辞

本書を編纂するにあたり、グローバル化する社会の最前線でビジネス、教育の現場に携わる以下の皆様に協力いただきました。ご協力に心より感謝申し上げます。お力添えをいただいた皆様への感謝と敬意の念を表し、以下にお名前を記します。

本書掲載順

渥美育子氏（一般社団法人グローバル教育研究所理事長、株式会社グローバル教育代表取締役社長）／青山繁晴氏（株式会社独立総合研究所代表取締役社長兼首席研究員）／マルカワみそ株式会社／赤阪清隆氏（公益財団法人フォーリン・プレスセンター理事長、元国連本部広報担当事務次長）／西原鈴子氏（国際交流基金日本語国際センター所長）／福原正大氏（株式会社igsZ代表取締役社長、一橋大学大学院特任教授）／坪谷ニュウエル郁子氏（国際バカロレア機構アジア太平洋地区委員、東京インターナショナルスクール代表）／江里口歡人氏（玉川大学大学院教育学研究科教授）／堀　義人氏（グロービス経営大学院学長）／杉浦健太郎氏（東京大学本部国際部長）／勝　悦子氏（明治大学副学長、政治経済学部教授）／マーク・ウィリアムズ氏（国際教養大学元理事兼副学長）／山内祐平氏（東京大学大学院情報学環教授）／金谷　憲氏（東京学芸大学名誉教授）／藤田　保氏（上智大学言語教育研究センター教授）／加藤積一氏（学校法人みんなのひろば　藤幼稚園理事長・園長）／加藤久美子氏（同副園長）／吉田研作氏（上智大学特任教授、言語教育研究センター長）／小泉利恵氏（順天堂大学准教授、日本言語テスト学会事務局長）／長沼君主氏（東海大学外国語教育センター准教授）／下村博文氏（文部科学大臣）

I-1
グローバル教育とは何か

Contents

01 「グローバル」と「国際」は
　　何がどう違うのか　8
02 グローバル社会においては
　　「日本人」であることに価値がある　12
03 海外の人に本物を届けたい！
　　お味噌屋さんのグローバル展開　16
04 「顔が見える日本」のためにも
　　もっと国際機関で活躍する人材を　20
05 グローバル人材に必要な
　　資質や能力とは何か　24
06 グローバル教育最前線①
　　「文化コード」で世界を俯瞰する　30
07 グローバル教育最前線②
　　マトリックスで考えよう　36
08 日本にも公用語が
　　必要になる時代がきた　40

Column 1　海外レポート◎パリ　44

01.

「グローバル」と「国際」は何がどう違うのか

「今やグローバル化の時代だ」と言われるようになって久しい。
企業も大学も省庁も、国を挙げてグローバル化にまい進しようとしているかのようだ。
だが、そもそも「グローバル化」とは? 「国際化」と比較しながら、その概念を考える。

「国際」は国同士の関係性で
「グローバル」は地球単位で考える

　「国際」という日本語は、比較的新しい言葉だ。幕末・明治維新の思想家、西周が、「万国公法」の邦訳に関わる中で、diplomatic intercourse を「各国交際」と訳したことがルーツといわれる。この造語が、やがてinternationalを意味する「国際」として定着した。internationalのinter-は「～の間」、nationalは「国」の意味だ。このことから、私たちが「国際的」、あるいは「国際化」と言うとき、必然的に複数の国々や、国と国との関係性に焦点を当てていることがわかる。

　これに対して「グローバル」は、「地球の」「地球規模の」を意味する英語のglobalそのままだ。焦点はもはや個々の国や地域の上にはない。地球を丸ごとひとつの単位と見るのが、「グローバリズム」なのである。
　「グローバル化」や「グローバリズム」の定義は非常に広く、政治、経済、地球規模での文化の共有、多様な形での人的往来と、あらゆるコンテクストで語られる。「グローバル化」への光の当て方、解釈の仕方は、識者の間でも微妙に異なるというのが実態のようだ。
　茫洋として本質がつかみづらい「グローバル化」について、渥美育子氏（一般社団法人グローバル教育研

究所理事長、株式会社グローバル教育代表取締役社長)に話を聞いた。グローバリズムの総本山のようなアメリカで、「グローバル教育」の草分けの一人と評される人物だ。

国際化に沸き立った80年代から激動の90年代を経て、グローバル時代へ

「日本では、グローバル化の背景がよく理解されていないようです。とりあえず流行に乗り遅れないよう『国際』という文字を消し、そっくりそのまま『グローバル』と書き換えて、グローバル、グローバルと叫んでいる。そんなふうに見えます」。日米の大企業を中心に、長年グローバル人材研修を行ってきたエキスパートの言葉は、のっけから手厳しい。そのグローバル化の歴史を、3つの時代に分けて説明してくれた。

1. 戦後から80年代末　〜国際化の時代〜

高度成長を経て豊かになった日本人は、さかんに海外旅行や留学に飛び立った。企業も海外展開を進めたが、当時の国際化モデルには3つの欠陥があった。

① この時代の国際化は、「欧米化」に他ならなかった。欧米先進国以外の国や地域は陰に隠れ、世界全体を眺めて戦略を練ることはできなかった。

② 人々は互いの文化を知ろうとしたが、多くの場合、自国文化の「メガネ」をかけたままだった。結果、極端に相手を美化したり見下したりで、必ずしも真の理解にはつながらなかった。

③ 海外進出した企業の多くは、現地でも日本のやり方を踏襲し、相手国の価値観を理解してマネージする力に欠けた。

グローバル化は世界の人々に意識改革をもたらした

2. 激動の90年代　〜グローバル時代のはじまり〜

　冷戦体制が崩壊し、共産圏の国々が市場経済に転換。欧州連合（EU）が発足し、世界貿易機構（WTO）ができ、規制緩和で大資本は国境を越えた。インターネットにより情報の世界即時共有も進んだ。トーマス・フリードマン[*1]は著作『フラット化する世界』（日本経済新聞社）の中で、グローバル化は「世界の人々に意識改革をもたらした」という意味のことを書いている。だが、日本ではバブルが弾け人々は内向きに。意識改革も起こらぬまま今に至っている。

3. 21世紀　〜日本はキャッチアップできるか〜

　その日本人が最短距離でグローバル化への対応力を獲得できるよう、渥美さんは3つのことを提案している。
① 価値観の違いに着目して世界を見よ
　何十億という価値観の違う人たちが、それぞれどこに、どのように分布しているのか。その価値観の違いによって、どのような問題が起きているのかを知る。
② 学んだことを実践で活用せよ
　グローバル社会の実相を理解したら、各自のフィールドに活用して結果を出す。ビジネスなら利益に結びつけること。さらに、積極的に新しい価値を生み出し、グローバル社会における日本の地位を高め、世界への貢献を目指す。そういう人材を大量に輩出しない限り、日本の未来はない。
③ マトリックス思考を身につけよ
　多様な価値観が複雑にぶつかるグローバル社会では、二元的思考には限界がある。対立する2つの軸、あるいは異質な2つの軸を立てて事象を把握し、分析し、最適な解を導くマトリックス思考が役に立つ。

今すぐマインドセットを切り替えて グローバル化をキャッチアップ

止めることも、後戻りもできない、グローバル化という「現象」が世界を変える

　グローバル化が進めば、誰もがフェアに競争に参加できるようになる、との意見がある。確かに一部の発展途上国は、経済のグローバル化により少しずつでも豊かになりつつあるように見える。その一方、グローバル化により格差が広がった過去もある。90年代経済における狭義のグローバル化では、スティグリッツ[*2]が指摘するように、「ゲームのルールは先進工業国によって——また先進国内の特定の利益集団によって——決められており、当然、先進国の利益を増大させる"形"が採用されてきた」からだ。

　いずれにせよ、グローバル化という「現象」は、世界の仕組みを大きく変えてしまった。新しいルールのもとでの競争は、すでに始まっているのだ。もはや誰にも止められないし、後戻りもできない。

　「日本は大きく出遅れてしまいました。今すぐマインドセットを切り替えて、時代遅れの国際モデルから、グローバルモデルにシフトするべきです。これが正しくできれば、独自の文化を持つ日本は、大きく躍進する可能性があると思います」

　渥美さんには別項で、マインドセットを切り替えるヒントを紹介いただくが、その前に、次項ではグローバル社会の実際を、もう少し至近距離から見ていこう。

取材協力 ● 渥美育子／一般社団法人グローバル教育研究所 理事長、株式会社グローバル教育 代表取締役社長　http://www.ikukoatsumi.com/

[*1]　トーマス・フリードマンは、アメリカのジャーナリスト。
[*2]　ジョセフ・E・スティグリッツ著『世界に格差をバラ撒いたグローバリズムを正す』（徳間書店）より。

02.

グローバル社会においては
「日本人」であることに価値がある

「世界で活躍する人材」と言うとき、誰もがまず考えるのは、
日本人が弱いとされる英語力とコミュニケーション力をいかに強化するか。
真のコミュニケーション力とは、また、その土台となる資質とは何だろう。

海外の高官や要人に扉を開かせ
白熱の議論に巻き込む「一民間人」

　民間シンクタンク独立総合研究所の代表取締役社長兼首席研究員、青山繁晴氏。エネルギー安全保障、テロ対策、危機管理、国家安全保障、国際関係論、国家戦略立案を専門分野とし、綿密な取材に基づくニュース解説や、津々浦々での講演活動、そして数多くの著作を通じて問題提起を続けている。徹底した現場主義は、かつて共同通信の記者だった頃と、今もまったく変わらない。忙しい日程をやりくりし、とんぼ返りのような海外出張にも進んで出かけていく。見るべきものを自分の目で見て確認し、現地の高官や要人や、各方面のエキスパートたちと会って直に話をするためだ。

　一般に、日本人はコミュニケーションがあまり得意ではないことになっている。留学したのはいいけれど、ディスカッション型の授業でまったく発言ができない、あるいは、国際会議に出席しても聞き役に徹しがちであるなど、主張や議論がとかく苦手で、今ひとつ国際社会で存在感を発揮しきれない面は否めない。

　これではグローバリズムの熾烈な競争に置いていかれる。だからこそ、国も民間も若い世代の英語とコミュニケーション力の強化に本気で取り組み始めている。

　そうした中、日本の大物政治家の訪問にも簡単には

応じない外国の高官や要人が、一民間人であるMr. Aoyamaの前には、不思議なことにその厳重な扉を開く。さらに胸襟も開いて、本音の深い議論を繰り広げるのだ。一体、青山さんの何がそうさせるのだろう？

話すべき中身、もっと聞いてみたいと相手に思わせる中身をこそ、身につけるべき

「それは相手がこちらの話を聞きたいからです」
　青山さんの答えは、あっけないほどシンプルだ。
　「海外で議論をするとき、僕は日本の国益を前面に打ち出して、率直に現実を踏まえて話します。相手にはそれが新鮮なのです。いくら日本の国会議員や官僚に会っても、評論家に会っても、日本という国が何を考え、何をしたいのか、さっぱり伝わってこない。だから僕と話して考えを整理したいと言うのです」
　青山さんは学校の外で英語を学んだことはない。留学も経験していない。仕事で海外に出るようになったとき、だから最初は人並みに英語で苦労したかというと、そうではない。青山さんは耳で自然に外国語を聞き取れるので、相手の英語（正確には米語）に沿った発音とイントネーションで話しているうちに、気づくと相手の目の色が変わっている。「どうしてもこの日本人の話を聞きたい」と、彼らは身を乗り出し、現在と比べれば自己流にすぎなかった米語を、懸命に理解しようとしてくれていた。
　このエピソードは、どのようなグローバル・コミュニケーション力を身につけるべきかを明示している。音（発音）が相手にとって聞きやすいことの大切さに加えて、根本のキーワードは"substance"だ。
　「米語でいうsubstanceは、『内容』とか『中身』、そ

substanceとはギッシリ詰まった話の中身

I-1 グローバル教育とは何か

れも『ギッシリ詰まった濃い中身』を連想させる言葉です。相手が有意義だと思えるsubstanceが議論の中にあったからこそ、話は途切れずに進んだし、やがて僕の米会話力は格段に進歩していきました。語るべき中身、相手がもっと聞きたいと熱望するような中身を、いかに日本の若者が持てるようにするか。教育は、まさにこれをやらなくてはいけないのです」

愛国心は日本人のアイデンティティの土台
フェアな歴史観を養う教育も求められている

　「語るべき中身」とは、話し手自身の「中身」でもある。そしてその土台が、「愛国心」を育む教育だと青山さん。日本では、愛国心教育は軍国主義の復活につながるという意見が根強いが、世界に目をやれば、多くの国が教育の基本として愛国心教育を位置づけており、「これだけ海外を歩いても、日本社会のように、パトリオット（愛国者）もナショナリスト（国粋主義者）も右翼も、すべて一緒くたにしてしまう社会は他に見たことがない」と言う。

　「パトリオットとナショナリストとは違います。自国の悪い点を認めず、実は良い点すらよくわかっていない偏狭な人を、ナショナリストと言います。僕は常々、日本の国益に立ってさまざまな国の人と議論をしていますが、ナショナリストなどと言われたことはおろか、そんなふうに思われてもいません。むしろ、それぞれ自国を思う愛国者同士として、互いに敬意を持って話し合うことができるのです。

　あなたがどんなに英語がペラペラで、アメリカのことをよく知っていても、アメリカ人にすれば、自分たちのコピーに興味はありません。外国の要人が僕と会

I-1 グローバル化が進んでも、人は祖国や民族に自らのアイデンティティを探す

うのは、彼らとは違う文化に立脚したsubstanceがそこにあり、新鮮な考えに出合えると思うからです。祖国の理念や哲学に根ざした教育なしでは、グローバル社会の中で確固たるアイデンティティはつくれず、語るべきsubstanceの持ちようがないのです」

グローバリズムにより国境が消え、国家の意味も失われるとする考え方があるが、グローバル化が進むほど、祖国や民族に立脚してアイデンティティを探す人間の努力は、かえって深まると青山さんは感じている。

「敗戦このかた、日本国民は僕を含めて、現代史すらまともに教わらず、フェアな歴史観を構築する機会もないまま、世界に出て行かなくてはなりませんでした。一方、世界には、事実ではない歴史や、自国に有利な一面だけを、国策として教えている国々もあります。そうした教育のもとで愛国心を育んできた若者と、歴史も学ばず愛国心も身につけてこなかった日本の若者が留学先でぶつかると、日本人の若者にはなす術もありません。何も教わっていないのですからね。

右だ、左だ、という発想は冷戦終結とともに終わっています。小学校を終えるまでに、日本も祖国愛を育む教育をしっかりやりましょう。その土台に立ったうえで、主義主張によって分かれるのなら分かれればいい。日本のアイデンティティを人間性の土台に持つことによってこそ、歴史を含め世界をフェアに見る目が育まれ、日本だけでなくアジアと世界の役に立つ人になっていくことができます」

グローバル社会が進んでも、世界で必要とされるのはまさにそういう人材だと、青山さんは言葉を結んだ。

取材協力 ● 青山繁晴／株式会社独立総合研究所 代表取締役社長 兼 首席研究員
http://www.dokken.co.jp/

参考文献 『ぼくらの祖国』『ぼくらの真実』 青山繁晴／扶桑社／2011年・2014年

I-1 グローバル教育とは何か 15

03.

海外の人に本物を届けたい！
お味噌屋さんのグローバル展開

世界をまたにかけたビジネスは、もはや大企業の独壇場ではない。
抜群の独創性や伝統の力を武器に、世界市場でチャンスを開く小さな会社も数多い。
有機栽培の原料と天然麹菌による味噌造りで知られる「マルカワみそ」もそのひとつだ。

和食ブームを追い風に、国を挙げて
680兆円の「食」の世界市場をつかめ

　ビジネスのグローバル化は、業種や企業の規模を問わず進んでいる。食品業界も例外ではない。「食」の世界市場規模は、2009年には340兆円だった。それが2020年には680兆円にまで膨らむだろうと農林水産省は試算する。対してわが国の農林水産物と加工品の輸出額は、現在約5500億円（2013年度）。国はこれを2020年までに、1兆円規模に引き上げようとの計画だ（農林水産物・食品の国別・品目別輸出戦略）。折しも和食が世界文化遺産に登録され、日本の食材に関心が集まっている。「食」のグローバル戦略は、農業の復興、いや躍進の一大チャンスになるかもしれない。

　というわけで、TPPも何のその、野心的な農業経営者は腕まくりをして、自慢の農作物で勝負に出る。出遅れてなるものかと鼻息も荒く、農業に新規参入する企業や団体も急増。和食関連の食品メーカーも、あの手この手で海外展開に力を入れ始めた。
　一方、特にグローバル化を意識したこともなく、自らねらったわけでもないのに、気がつくと世界市場にデビューし、売上を伸ばしていたという小さな生産者もいる。これもグローバル化時代の面白い一面だ。

創業100年、伝統を貫く家族経営の味噌蔵にある日、海外進出の転機が訪れた

　福井県越前市杉崎。ここに代々家族で営む小さな味噌蔵がある。大正3年（1914年）創業の「マルカワみそ」だ。現在の社長は、3代目の河崎宏氏。「食という字は『人に良い』と書く」をモットーに、1970年代からオーガニックの味噌造りに取り組んできた。

　味噌の原料は、有機農法や、農薬も肥料も使わない自然農法で育った大豆や米。仕込みに用いるのは、使い込まれ木肌にも麹菌が息づく昔ながらの巨大な木桶75台。その中で1年かけてじっくり味噌を熟成するという、昔ながらの天然醸造を続けている。

　だが、「マルカワみそ」最大の特徴と言えば、何といっても蔵付きの天然麹菌を使っている点だ。100年続く味噌蔵には、4種類の麹菌が住み着いており、これを代々受け継がれている方法で自家採取し、味噌を仕込むのである。昔はどこもこの方法で味噌を造っていたが、あまりにも手間と時間がかかるため、今では専門業者から種麹を買うのが主流で、蔵付き麹を使う業者は滅多にない。

　さて、この昔気質の味噌蔵に、ある日突然、海外市場進出の話が舞い込んだ。

　「とある商社が、ヨーロッパ向けに質の高い有機味噌を探していて、当社に白羽の矢が立ったのです。思ってもみなかった話に、会長は初め少し不安に思ったようですが、社長は外国のお客さんにもうちの味噌を食べてもらえると、おおいに張り切りました」

　現社長の長男で同社専務の河崎紘一郎氏が、その当時を振り返る。1996年、大きな夢といくばくかの不

気がつけば世界市場にデビュー
昔気質の味噌蔵が突然、海外に進出

I-1　グローバル教育とは何か

安とともに、「マルカワみそ」は初めて海を渡った。

ワイン造りなどの伝統がある欧州を中心に造った味噌の半量が、海外で売れていく

　それから19年が過ぎた現在、「マルカワみそ」が生産する年間150トンの味噌のうち、なんと約半分に当たる70～80トンが、海外で消費されている。アメリカ、アジア、オーストラリア、中東などにも出しているが、輸出先の6割はヨーロッパだ。紘一郎さんが言う。

　「ヨーロッパの人たちは、歴史や伝統を大事にしますし、ワインやチーズなど、発酵食品の文化も根づいているので、私たちの伝統的な味噌造りの価値を、よく理解してくれます。ワイン造りと同じように、家族経営で大切な技術や伝統を守っていることや、時代に合ったイノベーションを繰り返しながら、長く家業を維持してきたことも、高く評価されていると感じます」

　エンドユーザーとしては、和食のファンだけでなく、健康や食の安全に関心の高い人が多い。化学物質や不自然な加工を徹底的に排し、「限りなく自然・天然に近い素材と製法を用いた味噌造り」を目指してきた日本のローカルな造り手と、それだけのクオリティを味噌にも求める海外のローカルな消費者が、グローバルマーケットだから出会えたのである。

　イギリスに視察に行った紘一郎さんは、オーガニックショップにずらりと並んだ自社の味噌を見て感無量だった。「イギリス人のお客さんを相手に、味噌造りに対する思いのたけを語り伝えたいという気持ちにかられました」。

　反対に海外から「マルカワみそ」にも、バイヤーたちが視察に来る。こちらも感激ひとしおで、蔵付き麹

最高の営業ツールだと思っています　日本でも海外でも、自社の商品が

の話に目を輝かせ、高さ２メートルもある木桶が並ぶさまに圧倒され、みんな大喜びで帰っていくという。

　こうしてみると、味噌だけでなく、味噌が体現する文化そのものが、同社のグローバル展開の軸となっているようだ。その軸の延長線上に、外国人向けの味噌造り体験やエコツアーなど、さらなる広がりが期待できそうにさえ思えてくる。

　「味噌造りは国内では斜陽産業といわれていますが、海外の市場では見通しは明るいと思います。これから後発業者がどんどん参入してくるでしょう。フランスあたりでは、日本のメーカーや地元企業による味噌の現地生産が始まっています。もうすでに、オーガニックのお味噌屋さんも出てきているんですよ。

　当社ですか？　そうですね、日本でも海外でも、僕は商品こそが最高の営業ツールだと思っています。今後も自然に即したやり方で、おいしい味噌を造っていきますよ。伝統的な技術は、いったん途切れたら復活させるのは難しいですから」

　グローバリズムには、さまざまな問題や批判の声もある。だが完ぺきとは言えないにせよ、フェアなルールをつくり、不自由な規制を緩和し、誰もが参加できる世界市場を提供しているのもグローバリズムだ。

　2020年には680兆円になると予想される「食」の世界市場。そこに福井の小さなお味噌屋さんが、小さいながらも確かな一歩を踏み出したことは間違いない。

取材協力　●　マルカワみそ株式会社（福井県越前市）
　　　　　　http://marukawamiso.com/

参考文献　「農林水産物・食品の国別・品目別輸出戦略」農林水産省
　　　　　http://www.maff.go.jp/e/export/kikaku/kunibetsu_hinmokubetsu_senryaku.html

I-1　グローバル教育とは何か　　19

04.

「顔が見える日本」のためにも もっと国際機関で活躍する人材を

国際機関。それはまさに志あるグローバル人材が、力を発揮するにふさわしい場のはずだ。
ところが、現状では意外なほど日本人職員が少ない。その原因と意外な就職術が
元国連本部広報担当事務次長の赤阪清隆氏の話から見えてきた。

日本の国連分担金は年間1000億円だが日本人職員は2.5％という現実

「グローバル人材育成の取り組みは、日本中の大学で始まっています。しかしその際、主に想定しているのはビジネスパーソンとしてのグローバル人材ではないでしょうか。もちろんそれも大切ですが、日本から国際機関に優れた人材を送り込むことの重要性も、念頭に置いていただきたいのです」

さまざまな国際機関の要職を歴任したのち、国連本部の広報担当事務次長を務めた赤阪清隆氏はそう語る。国際機関で働く日本人があまりにも少ないからだ。

「日本は国連本部の全体予算の約11％を負担しています。これはアメリカに次ぐ分担率で、日本1国で年間1000億円程度を拠出していることになります。ところが、国連で働く日本人職員の数は、3％にも届いていません」

自分の知識や能力を生かし、世界が抱える課題解決に役立ちたい人には、国際機関の一員として働くことは、まず何よりも本人にとって意義ある仕事だろう。加えて、国際機関で活躍する日本人職員が増えれば、国際社会における日本のプレゼンスが向上する。日本人職員の存在を通して、日本と国際機関との意思疎通が促進され、協力関係も強化されていく。

「国際機関で働く日本人が増えると、日本の『顔』がよく見えるようになります。緒方貞子さんは国連難民高等弁務官として活躍し、明石康さんはカンボジア和平やボスニアの復興に取り組み、故・中嶋宏さんは世界保健機関（WHO）の長を務められた。こういう人材がたくさん出てくれば、重要な国際会議などでも、日本人の幹部が壇上に座ることが増え、それだけで日本の存在感が高まるのです」

国連職員は期間契約が主流のため
転職に不安がある日本人には辛い面も

もちろん赤阪さんは、「国際機関に日本人幹部がたくさんいると、日本が偉そうに見えて世界から一目置かれますよ」、などと言っているわけではない。

1994年にカイロで開催された国際人口会議では、6人の登壇者のうち4人を日本人が占め、日本は本気で人口問題に取り組むつもりだと世界中の関係者に強く印象づけた。その結果、日本の発言力は増し、リーダーシップを取りやすくなる。そこに意味があるのだ。

しかし、トップになる人はひと握りにすぎない。だからこそ、国際機関で働く日本人全体のすそ野を広げる努力が必要なのだが、現状では国連の職員に占める日本人の割合は、わずか2.5％にすぎず、それが赤阪さんの嘆きにつながっている。

なぜそんなにも、日本人の採用は少ないのだろう。

国連や関連する国際機関に応募するには、①語学力、②原則として修士号以上の学位、③応募するポストと関連する分野での所定年数の勤務経験が必須となる。

基本的に、空席が出たポストに対してのみ公募を行うが、たったひとつのポストに対し、世界中から数百

国際機関に日本人が増えれば日本のプレゼンスも向上する

I-1　グローバル教育とは何か　21

人もの応募が殺到する。自分を強くアピールすることが苦手な日本人は、面接で落ちてしまうことが多い。

「しかも、日本からの応募自体が少ないのです。国連には終身雇用のような制度はありません。基本的に契約職員です。国際機関に何年か勤め、その後、他で就職しようとすると、日本では中途採用となって、望むような職はまず得られない。将来を考えれば、おいそれと国際機関に応募できないのです」

だから本気でグローバル人材の育成を考えるなら、日本社会の働く環境から見直す必要があると、赤阪さんは指摘する。

外務省のJPO派遣制度を活用すれば
派遣から正規職員への近道が可能になる

日本の若者が国際機関で働きたいと思っても、そのためには、競争率が数百倍の狭き門を突破しなければならない。契約期間を終えた後のキャリア設計にも不安がある。現実は厳しい。だが世の中、悪い話ばかりではない。実は耳寄りな「近道」があるのだ。国際機関で働くことを夢見ている高校生や大学生、その進路相談を受ける教職員、そして35歳以下で国際機関への就職を考えている人には、朗報となるかもしれない。

外務省による「JPO（Junior Professional Officer）派遣制度」というのがそれだ。応募の条件は、①35歳以下であること、②職務遂行可能な英語力、③所定分野における修士号、④２年以上の関連職務経験、⑤将来にわたり国際機関で働く意思を有すること。一見、これまたハードルが高いと感じるかもしれないが、ここからが公募とは大きく異なる。

「JPO派遣制度は、条件を満たし選考に通った人材を、

日本人職員の誠実な仕事ぶりは周囲からの評価も高い

国連機関に派遣するプログラムです。期間は2年間で、派遣費用と期間中の給与は日本国が負担してくれます。毎年40人程度が採用されるのですが、一時期は1000人以上だった応募者が近年なぜか減少し、2013年は285人、14年は301人でした。つまり競争率7倍ほどで、しかも全員が日本人ですから、公募よりずっと採用されやすいのです。国際機関で働きたい人には、ぜひ活用してもらいたい制度です」

このプログラムでは、2年間の派遣期間終了後、自動的に国際機関の正規職員になれるわけではない。通常の手続きに従い、空席ポストに応募して、改めて採用される必要があるのだが、2年間の働きぶりを見て評価してもらえるので有利だ。こうしてJPOで派遣された人の5割から7割が、国際機関に残るという。

「ユニセフや国連難民高等弁務官事務所では、日本人職員の8割から9割が、JPO派遣制度の出身者です。日本人は誠実に一生懸命仕事をしますから、高く評価されるのです。先日、今年のJPO試験の合格者のみなさんと、話をする機会がありました。TOEIC 900以上の高い英語力を持つ人、留学経験や海外経験が豊富な人、そして女性が多いですね。みんな優秀で意欲にあふれ、心から頼もしく思ったことでした」

グローバル人材教育は、とかく英語教育や留学体験の範囲で終わりがちだ。世界とリンクしたキャリアを早い段階から視野に入れ、条件を一つひとつクリアしていくような教育のあり方が、今後はもっと議論の俎上に載せられてもよいのではないだろうか。

取材協力 ● 赤阪清隆／公益財団法人フォーリン・プレスセンター 理事長、元国連本部 広報担当事務次長　http://www.fpcj.jp/

参考文献　「国連事務局で働くために」外務省　http://www.mofa.go.jp/mofaj/files/000006644.PDF
　　　　　外務省国際機関人事センター　http://www.mofa-irc.go.jp/

05.
グローバル人材に必要な
資質や能力とは何か

グローバル教育は、英語教育の延長のように語られることも少なくない。
確かに英語教育も不可欠だが、主体性、リーダーシップ、異文化理解力、そして
日本人のアイデンティティなど、他の要素の重要性も見落としてはならない。

国が考えるグローバル人材の資質・能力は
語学力・コミュニケーション能力が基準？

国が考えるグローバル人材の定義は、民主党政権下の2012年、グローバル人材育成推進会議が発表した、「グローバル人材育成戦略」の中でふれられている。これによると「グローバル人材」の概念には、主に以下の3つの要素が含まれる。

要素Ⅰ　語学力・コミュニケーション能力
要素Ⅱ　主体性・積極性、チャレンジ精神、協調性・柔軟性、責任感・使命感
要素Ⅲ　異文化に対する理解と、日本人としてのアイデンティティ

この3要素を兼ね備える人材が、グローバル人材の一応の定義ということのようだ。同審議会ではまた、これからの社会の中核を支える人材に共通して求められる資質として、「幅広い教養と深い専門性」「課題発見・解決能力」「チームワークと（異質な者の集団をまとめる）リーダーシップ」「公共性・倫理観」「メディア・リテラシー」などを挙げている。どれも必要な要素には違いないが、いずれも抽象的な表現で、「ミスター・グローバル」像、「ミズ・グローバル」像の輪

郭は、今ひとつはっきりしない。

　審議会もそのあたりは承知していたようで、「グローバル人材の概念に包含される要素の幅広さを考えると、本来、その資質・能力は単一の尺度では測り難い」としている。そして、「以降、測定が比較的に容易な要素Ⅰ（「道具」としての語学力・コミュニケーション能力）を基軸として（他の要素等の「内実」もこれに伴うものを期待しつつ）、グローバル人材の能力水準の目安を（初歩から上級まで）段階別に示す」と続く。

　積極性や異文化理解といった要素は、実際の能力としては測りづらい。ここはある程度数値化もできて、実力が判定しやすい語学力あたり（要素Ⅰ）を指標に、グローバル人材の資質や能力を考えようということのようだ。語学以外のⅡとⅢの要素については、「語学力のレベルが上がれば、他の要素も充実するだろう」と、"期待を示す"以上には踏み込んでいない。

　「グローバル人材育成戦略」が「例えば」と断ったうえで示す、「語学力を基準にしたグローバル人材の段階的な能力目安」は次のとおり。

　① 海外旅行会話レベル
　② 日常生活会話レベル
　③ 業務上の文書・会話レベル
　④ 二者間折衝・交渉レベル
　⑤ 多数者間折衝・交渉レベル

　このうち①②③レベルについては、すでに「進捗しつつある」として、今後は④⑤レベルの人材を継続的に育成し、一定数の「人材層」として確保することが、国際社会におけるわが国の経済的・社会的発展にとっ

単一の尺度では測りにくい　グローバル人材の概念は幅広く

て、極めて重要だと述べている。

小学校における英語の教科化、スーパーグローバルハイスクール、スーパーグローバル大学、政府による留学支援など、日本で現在進められているグローバル人材育成への取り組みの多くも、このあたりに依拠しているようだ。

グローバル人材に必要だと思う資質と自分自身の能力にギャップを感じる高校生

続いて、未来のグローバル人材候補とも言うべき、現役高校生が考えるグローバル人材像を見てみよう。

一般社団法人全国高等学校PTA連合会と、株式会社リクルートマーケティングパートナーズは、9都道府県の公立高等学校27校の2年生各2クラスの高校生と保護者を対象に、「第6回『高校生と保護者の進路に関する意識調査』2013年」を合同で実施した。

その報告書が2014年2月に発表されたが、ここにグローバル化社会に対する現役高校生の意識をよく表す、興味深いデータが複数掲載されている。

まず、高校生の半数（男子54.7％、女子46.8％）が、「自分の将来にグローバル化の影響はある」と認識。次いで、「将来グローバル社会で通用する人材になりたいか」との問いには、全体の54.3％（男子56.6％、女子52.6％）が、「ぜひなりたい・できればなりたい」と答えている。特に前の質問で「自分の将来にグローバル化の影響はある」と答えた生徒では、「グローバル社会で通用する人材になりたい」との回答が76.2％と、平均を大きく上回った。グローバル化を身近で不可避と感じている場合、社会に出る前の高校生であっても、受け止め方は変わってくるようだ。

高校生の**約半数**が「将来、グローバル社会で活躍したい」

では、グローバル社会に通用する人材の能力について、高校生はどのようなイメージを抱いているのだろう。高校生が考えるグローバル人材に必要な能力と、自分が持っていると思う能力を重ね合わせたものが下のグラフである。高校生も、グローバル人材にとって、コミュニケーション力と語学力が重要だと考えている。

　しかし、コミュニケーション力が必要だと答えた76.3％のうち、自分がその能力を持っているとした者は29.1％にすぎない。同様に、語学力については、63.1％が「必要」と答え、そう答えた生徒のうち、自分がその能力を持っているとした者はわずか7.4％だった。この２項目については、必要だと考えている資質と、自分の実力との間に、大きなギャップを抱えている様子がうかがえる。

● グローバル社会に通用する人材のための能力と、自分が持っている力の程度

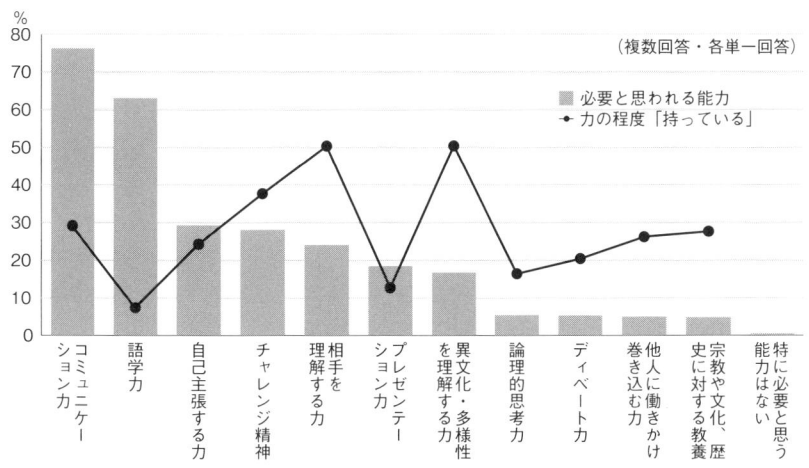

出典：一般社団法人全国高等学校PTA連合会・(株)リクルートマーケティングパートナーズ調べ

I-1　グローバル教育とは何か　　27

低迷する語学力の底上げは急がれるが
それ以外の資質をどう向上させるかも課題

　日本人の語学(英語)力の低迷状態は、それが杞憂でないことを裏づけるように客観データにも表れている。
　スイスの国際経営開発研究所(International Institute for Management Development: IMD)が発表する世界競争力年鑑、通称「IMDランキング」2014年度版によると、外国語のスキルに関する日本の順位は、60の国と地域中54位(前年は58位)だった。TOEFLの得点においても、日本はアジア31の国と地域中、下から6番目の26位に甘んじている(ETS・2013年度サマリー)。
　グローバル社会で活躍するはずの人材に、世界と肩を並べて議論できるレベルの語学力が備わっていないようでは、議論どころか話にもならない。語学力とコミュニケーション能力の向上は、喫緊の課題であることは間違いなさそうだ。

　しかしその一方、語学力・コミュニケーション能力以外の力も非常に重要で、これをどう伸ばしていくのかという議論もある。
　フォーリン・プレスセンターの理事長で、元国連本部広報担当事務次長、赤阪清隆氏は日本人の発言力、発信力の弱さを指摘する。
　「どこへ行っても感じるのですが、日本人は議論をしようとしません。記者会見や講演会では、ジャーナリストからでさえ、なかなか質問が出てこない。小学校、中学校といわず、できれば幼稚園からでも、自分の意見をきちんと述べる訓練が必要だと思います。大学生になってからでは間に合いません。そのうえで英

低迷する日本人の語学力
60カ国・地域中、現在54位

語力を磨き、研究者、ジャーナリスト、政治家、経営者と、幅広い層から多様なチャネルを通じ、世界に向けて日本の考えをしっかり伝えていく人に、たくさん出てきてほしいと思います」

発信力の土台はコミュニケーション力。そして、言葉は確かにコミュニケーションの道具だ。母語であれ外国語であれ、「言葉という道具」を有効に使う術は、他者との関わりの中で話したり聞いたりしながら磨いていくしかない。主体的に考える、それを理解しやすい言葉で人に伝える、人の意見を読んだり聞いたりして理解する。こうした日常の言語活動が、じわじわとコミュニケーション力を鍛えてくれると思いたい。

一方、冒頭で紹介した「グローバル人材」の3つの要素で言うと、要素Ⅲ「異文化に対する理解と、日本人としてのアイデンティティ」にも直結するグローバル教育を推進するのが、グローバル教育研究所理事長の渥美育子氏だ。発信力を高め、語るべき中身を充実させる前提として、ものの見方や考え方をグローバル仕様に変換する必要を説いている。

探れば探るほど幅広いグローバル人材の構成要素。私たちも英語教育だけでお茶を濁してしまわずに、多様なケースを取り上げ、多面的に考えていく必要がありそうだ。

取材協力 ● 赤阪清隆／公益財団法人フォーリン・プレスセンター 理事長、元国連本部 広報担当事務次長　http://www.fpcj.jp/

参考文献　「グローバル人材育成戦略」グローバル人材育成推進会議・審議まとめ
http://www.kantei.go.jp/jp/singi/global/1206011matome.pdf

第6回「高校生と保護者の進路に関する意識調査」2013年
http://www.zenkoupren.org/active/shinroishiki_haifu20140208.pdf

IMD World Competitiveness Yearbook 2014（文部科学省科学技術・学術審議会資料より）
http://www.mext.go.jp/b_menu/shingi/gijyutu/gijyutu22/siryo/__icsFiles/afieldfile/2015/01/21/1354019_3.pdf

Test and Score Data Summary for TOEFL iBT Tests — 2013（ETSのサマリーより）
http://www.ets.org/s/toefl/pdf/94227_unlweb.pdf

I-1　グローバル教育とは何か　　29

06

グローバル教育最前線①
「文化コード」で世界を俯瞰する

およそ30年にわたり、グローバル企業の人材研修などに取り組んできた渥美育子氏。世界が渥美さんに求める「グローバル人材教育」は、日本で考えられているものとはだいぶ趣を異にするようだ。その核心を紹介しよう。

「異文化理解」は友好的な国際関係を目指し「グローバル教育」は人間行動の総体を見る

　日本の企業や大学が行うグローバル人材教育では、英語力やコミュニケーション能力と並んで、「異文化理解」の重要性も頻繁に取り上げられる。友好な国際関係を目指した「異文化理解」は、外国とのビジネスを円滑に進め、他国から学んで自国の文化を一層豊かにするうえでも有意義だ。

　しかし「異文化理解」とは常に自国を中心に、あるいは自国から見た視点で、他国との関係を考えるものでもある。国と国、民族と民族の文化の違いを、個々に、そして多くの場合、たまたま自分と縁のあった国や民族に関してのみ見るため、そこから多国間の関係や、世界全体（大局）を測り知ることは難しい。

　「グローバル教育とは、世界をひとつのまとまりと捉え、これまで人類が行ってきたことの総体を理解し、地球規模の問題を解決する力を育てる教育です」と、一般社団法人グローバル教育研究所理事長で、株式会社グローバル教育代表取締役社長の渥美育子氏。「その前提として、地球全体を俯瞰して眺める目を養うことが不可欠であり、これは『異文化理解教育』とは別もの」だと語る。

　地球全体を俯瞰する手段として、渥美さんは世界各

国から集まった自社講師陣の協力を得て、世界の国々を「文化」という切り口で分類。6年という歳月を費やしたが、最終的に世界を「4つの文化コード」に大別することができた。

世界は「4つの文化コード」で大別できる その特徴を理解すれば世界全体が見えてくる

　以下が、渥美さんたちがまとめた「4つの文化コード」の概要だ。ここで言う「コード」とは、社会ルールの核となる価値体系のこと。人々が何を一番大切にし、何を価値の中心に置いているかを、4つの文化圏に分けて整理し解説している。

① リーガルコード Legal Code

ルールとノウハウに価値の中心を置く、法的規範の文化圏。プロテスタント的倫理性に立脚。アメリカ、ケベック以外のカナダ、イギリス、北欧諸国がこのカテゴリー。10カ国にも満たないが、長らく世界経済をリードしてきた国々が多く、いずれもグローバル競争力ではトップ20に入る。イギリスは厳密に言えばイングランドのみが該当し、アメリカに比べてややモラルコードに近い。

② モラルコード Moral Code

道徳的規範の文化圏。価値の中心を人間関係に置く。アジア諸国と、意外にも、ラテンアメリカ、南ヨーロッパ、中部アフリカなどのカトリック圏が該当する。日本もこの文化圏の一員。ロシアや中国も「文化」という切り口では父権制社会と考えられ、やはりこのカテゴリーに含まれる。

いわゆる「異文化理解」はグローバル教育とは別もの

「絶対の文化」同士だから譲れない
リーガルコードとレリジャスコード

③ レリジャスコード Religious Code

宗教的規範の文化圏。単に宗教を大事にするということではなく、政治も経済もライフスタイルも、すべてを宗教の教義が絶対的に支配する。該当するのはイスラム教圏のみで、キリスト教、仏教、ヒンズー教等はこの文化コードには入らない。

④ ミックスコード Mixed Code

①〜③の文化コードのうち、2つ以上が併存する文化圏。カトリックとプロテスタントの人口比が近いドイツやオランダ、イスラム教徒とキリスト教徒、ユダヤ教の影響下ですべての文化コードが混在するイスラエル、本来はモラルコードだが、植民地時代にイギリスからリーガルコードが入ったインド、及びオーストラリアが代表的。

対立する「表現の自由」と「宗教の尊厳」その理由も、文化コードから読み解ける

渥美さんたちは、この色分けを世界地図に落とし込み、「文化の世界地図」（P. 34、35参照）として目に見える形にして、企業研修や、高校生向けのグローバル教育プログラムで紹介している。文化コードを通して見ると、世界で起きているさまざまな事象が理解しやすくなり、経済や政治的対立の背景に、文化の対立が存在することもよくわかると好評だ。

2001年9月11日のアメリカ同時多発テロ事件以降、世界はテロの時代に入ったといわれる。そして2015年1月、フランスの風刺週刊誌の出版社が襲撃された事件では、「表現の自由」と「宗教の尊厳」の激しいぶつかり合いが顕わとなった。渥美さんはこう解説する。

「リーガルコードとレリジャスコードは、どちらも『絶対の文化』です。ある人々が表現の自由を、別のある人々が宗教の尊厳を、あれほど頑なに主張して激突するのは、それぞれが妥協なき『絶対の文化』に生きているからです。こうした文化コードの違いを理解したうえで、全体最適化を追求する力を養うのが、グローバル教育です」

同じ国でも、地域や民族によって異なる要素が入ってくるなど、細かく見れば「4つの文化コード」には例外もたくさんある。だが、こうした見方を身につけることで、世界の動きがはるかに理解しやすくなるのは確かだ。

● 文化コード表「世界空間 X5000年の時間」

コード	価値の中心（原点）	地域
リーガルコード (Legal Code)	ルールとノウハウ （時間軸は16世紀の宗教改革へ）	アメリカ、ケベック以外のカナダ、イギリスのうちイングランド、北欧諸国（スウェーデン、ノルウェー、デンマークなど）
モラルコード (Moral Code)	人間関係 （儒教は紀元前6〜5世紀へ、キリスト教旧教は西暦元年とユダヤ教の起源へ）	アジア諸国（イスラム教国を除く）、ラテンアメリカ諸国、南ヨーロッパ諸国、中部アフリカ諸国、中国、ロシアなど
レリジャスコード (Religious Code)	神の教え （時間軸はイスラム教の起源である7世紀へ）	中東諸国（モラル&リーガルミックスのイスラエル、レリジャス&モラルミックスのレバノンを除く）、中央・南アジア（カザフスタン、イラン、アフガン、パキスタン）、東南アジア（マレーシア、インドネシア、ブルネイ）、北アフリカ諸国
ミックスコード (Mixed Code)	リーガル、モラル、レリジャスコードのうち2つ以上が併存	オーストラリア、ニュージーランド、インド、ドイツ、オランダ、イスラエル、中・南部アフリカ（モラルコード国を除く）

© Ikuko Atsumi & MPF 2014 All Rights Reserved.

取材協力 ● 渥美育子／一般社団法人グローバル教育研究所 理事長、株式会社グローバル教育代表取締役社長　http://www.ikukoatsumi.com/

参考文献　『「世界で戦える人材」の条件』　渥美育子／PHP研究所／2013年

世界の多様性の究明——
70億の人のドラマがわかるようになる＜文化の世界地図＞™

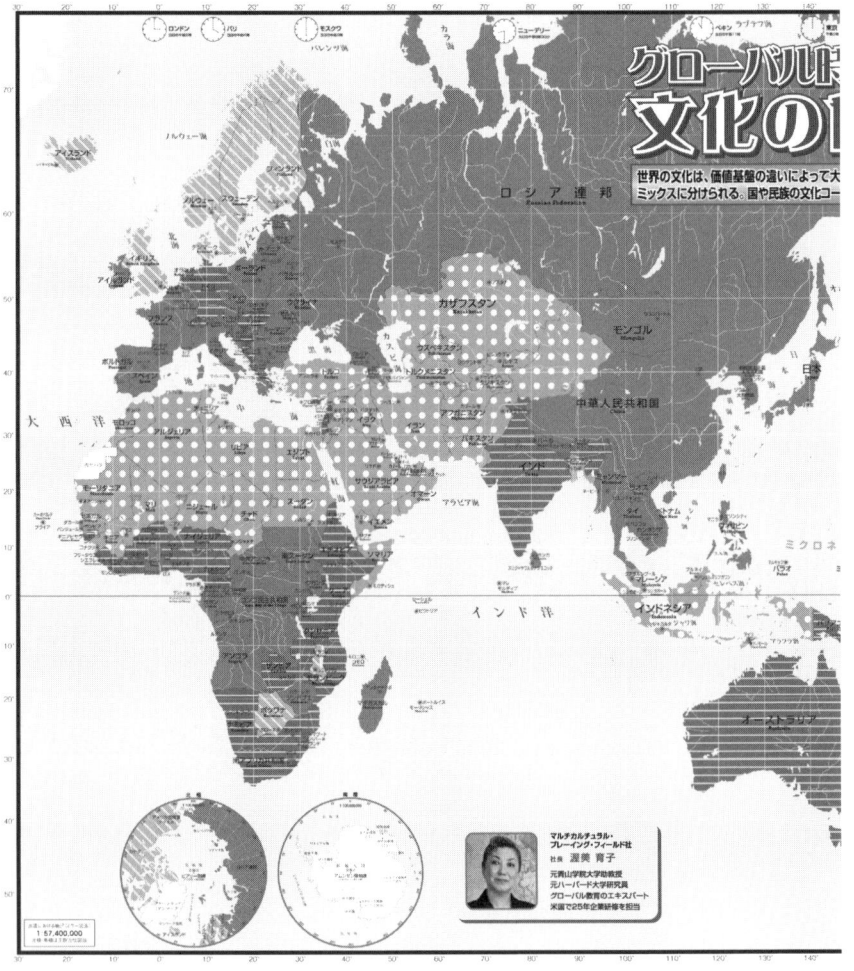

「4つの文化コード」をもとに色分けした「文化の世界地図」。
世界全体を俯瞰して眺め、その多様性をつかむツールとして使う。
詳しくは、渥美育子オフィシャルサイトへ。http://www.ikukoatsumi.com/

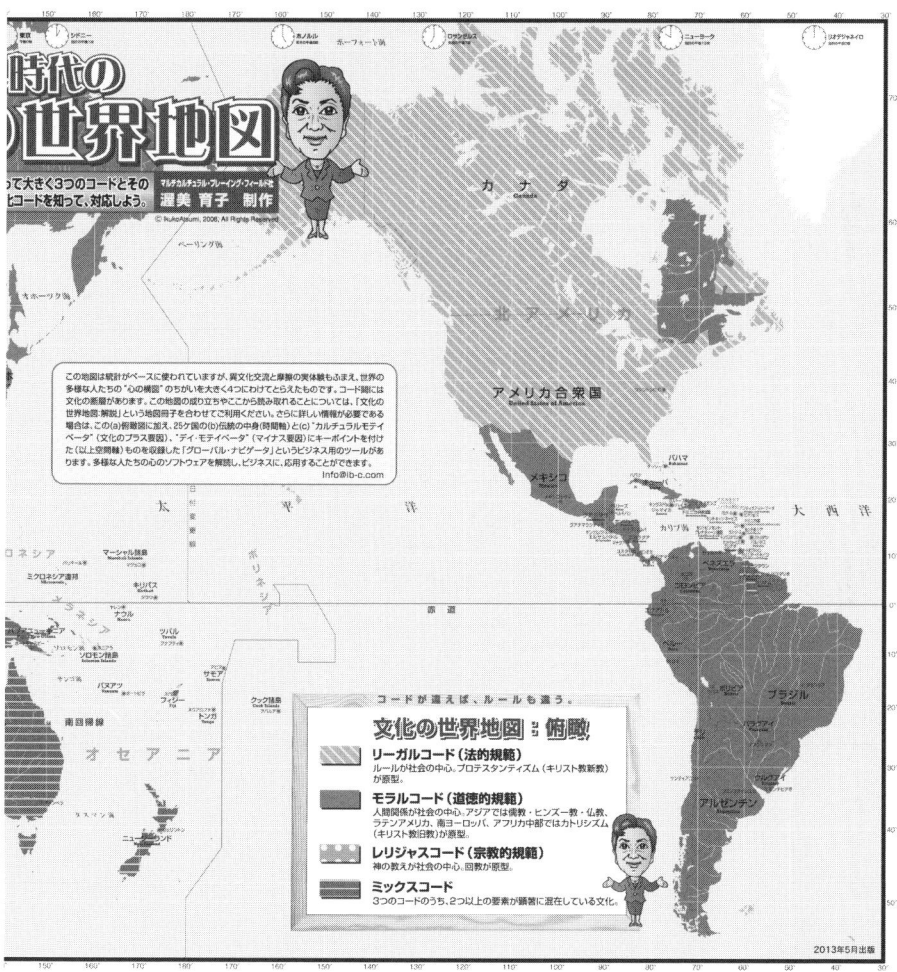

© Ikuko Atsumi & MPF 2014 All Rights Reserved.

I-1 グローバル教育とは何か 35

07. グローバル教育最前線②
マトリックスで考えよう

前項では、グローバル社会の構造を知る手がかりとして、
4つの文化圏で世界を見るという経験をした。ここでは個別の国の人々の特性と、
多様で複雑な問題に取り組むための思考法について、引き続き渥美育子氏に聞く。

その国の個性を浮き彫りにする
モティベーターとディモティベーター

「文化の世界地図」(前項)を作った後、渥美さんはそこに「時間軸」を重ねてみた。するとその断層に、国々の歴史と文化の地層が浮かび上がった。どのような変遷で、その国の文化や価値観が形作られてきたかがわかると、国の特性が鮮明になった。

そこで主だった国にフォーカスを絞り込み、その国民にとってのモティベーターとディモティベーターを子細に調べ、主要な要素を挙げていった。モティベーターとは「動機づけの要因」であり、人々が大切にしている価値観や、快く感じる要素が含まれる。これに対して、ディモティベーターは「反発の要因」。反感や不快感を喚起する文化的要因だ。

このモティベーターとディモティベーターに照らして、シンガポールとインドネシアの人々の素顔に接近してみよう。

シンガポール人はおしなべて合理的で率直だ。そして、能力主義の信奉者でもある(モティベーター)。反面、現実味のない理想主義的な計画や考え方を嫌い、他人に負けることや失敗することに、強烈な恐怖心を持つ(ディモティベーター)。

かたやインドネシア人は、自制心や礼儀を重んじ、発言や批判なども婉曲的に行う傾向がある。階級社会に基づく権限や人脈を重視し、イスラム教ほか信仰を大切にする社会でもある（モティベーター）。宗教に対する無神経な態度、直接的なもの言い、時間・期限に関する厳格さは、インドネシアでは反発の原因となる場合がある（ディモティベーター）。

同じASEANの一員であっても、2つの国のポートレートは見事に別の個性だ。アジア、ヨーロッパ、アフリカと、私たちはつい十把一絡げにしがちだが、隣り合った国でさえ、真逆の性質もあるから、無神経でいては真に良好な関係はつくれない。難しいところだ。

「AかBか」の二元論から脱却しマトリックス思考を身につけよう

一方、グローバル社会の課題をどう分析し、どのように解決を求めるかという点で、渥美さんは「マトリックス」を用いた思考法を提案している。

東か西か、男か女か、保守か革新か、集中か分散か……。人はずっと、多くのことを二元論で考えてきた。2つにひとつを選べば、とりあえず「答え」になったし、自分の立場を示すことも容易だった。

「ところがグローバル化が進むと、『AかBか』では割り切れない問題が次々と出てきます。しかも二元的発想は、異なる考え方の人々を分断し、対立を深めるだけですから、対立する2つの軸を同時に指標として、その2つの軸の間で最善の解を見つけ出す、『マトリックス思考』が必要なのです」

動機づけの要因と、反発の要因から、その国の素顔が見えてくる

渥美さんが言う「マトリックス思考」とは、多様な価値観の共存を目指して「全体最適」を図る、柔軟で合理的な発想力。放っておけば対立したまま平行線をたどる二者の間に、どうにか折り合えそうな許容点を探し出し、提案し説得して、対立の緩和や問題解決に導く知恵と言ってもよい。

例えば、テロに関しては、「人命尊重」と「テロの抑止」という2つの軸の間でバランスをとり、最善の着地点を探ることが、世界共通の対応になりつつある。

同様に、「個人情報の保護」と「国の安全保障」、「グローバル市場」と「ローカリゼーション」、「環境保護」と「経済発展」など、ビジネスから外交問題まで、マトリックス思考が使えそうな対立軸は無数に見つかるはずだ。身近な問題からでも、マトリックスで考える習慣を身につけておくことは無駄ではない。

日本のDNAと、世界共通の価値基準の両方を兼ね備えたグローバル人材に期待

渥美さんに、グローバル人材教育に取り組むようになったきっかけを聞いた。返ってきた答えは、「アメリカ同時多発テロ」。当日、ニューヨーク州にいたこともあって、事件の衝撃は大きかったという。

「時代が音を立てて変わりました。世界は大変なことになる、相反する価値観が、これまで以上に激しくぶつかるだろうと直感しました。みんなが平和に共存するには、教育の役割が不可欠です。しかし従来の、国単位の教育だけでは間に合わない。世界共通の認識やルールを学ぶ教育を、今すぐにでも、すべての人が受ける必要があると、強く思いました」

「すべての人」の中には、もちろん日本人も含まれる。

マトリックス思考を駆使して多様な価値観の「全体最適」を図る

だが日本人のグローバル度は、渥美さんの目にはまだあまり高くはない。多くの日本人は、いまだに「グローバル教育＝英語教育」だと思い込んでいる。世界市場のルールに対する認識や、地球市民としての倫理観が希薄な日本企業は、毎年莫大な罰金を世界各地で払い続けている。

「どんなにグローバル化が進んでも、日本の文化コードは大事です。でも、グローバル社会の構造やルールを正しく理解したうえで、考え、行動し、発信しなければ、説得力はありません。私は現在、日本の高校にもグローバル教育プログラムを提供していますが、日本人の魂をしっかり備えたグローバル人材が、たくさん育ってくれるよう願っています」

日本には、和の精神、たぐいまれな利他精神、チームワーク、モノづくり哲学など、たくさんの優れた伝統がある。日本人ならではのDNAという軸と、世界共通の価値という軸、その両方を兼ね備えた人こそ、日本のグローバル人材だ。

取材協力 ● 渥美育子／一般社団法人グローバル教育研究所 理事長、株式会社グローバル教育 代表取締役社長　http://www.ikukoatsumi.com/

参考文献　『「世界で戦える人材」の条件』 渥美育子／PHP研究所／2013年

08.

日本にも公用語が必要になる時代がきた

法務省の統計によると、日本に暮らす在留外国人はおよそ212万人（2014年末現在）。
日本国内でのグローバル化が進む中、避けて通れないのが言語の問題だ。
国際交流基金日本語国際センターの西原鈴子所長は、日本語の「公用語化」を唱える。

外国人の増加による多言語社会の到来で顕在化してきた日本語公用語化の問題

2014年6月、中国・蘇州に100を超える国・地域から、政府関係者や言語学者、学術団体の代表などおよそ500人が集まり、議論が交わされた。International Conference on Language ──「言語力と人類の文明、社会の進歩」をテーマに掲げた、ユネスコと中国政府が共催する国際会議である。これに出席した国際交流基金日本語国際センター所長の西原鈴子氏は、「持続可能な社会をつくるために、日本がやるべきことは何か。世界の一員として、私たちは"宿題"をもらったのです」と振り返る。

2日間の会議の成果は、言語の重要性、言語教育の革新、これを進めるための国際連携といった3点を柱に蘇州声明としてまとめられたが、この前提となっているのは、1999年のユネスコ総会での提唱である。すなわち、①国際共通語、②国内で共通語とすべき言語、③少数グループの言語、の3つの言語を教育に取り入れなければならないというものだ。蘇州での会議を終えて西原さんは、「国内共通語」としての日本語について、思いを新たにしたという。

「日本の公用語は日本語だと思っている方が多いか

もしれませんが、実は法律で定められているわけではありません。国際共通語である英語についての議論は深まっていますが、日本語についても真剣に考えるべき時期がきました。日本におけるグローバル化について考えるとき、日本語を公用語に定める、という観点は極めて重要です。先祖代々受け継いできた言語だからと無自覚でいることは、もはやできないのです」

　日本では労働力人口の減少に伴い、外国人材の活用が安倍内閣の成長戦略のひとつに掲げられている。これにより、高度な資格や資質を持つ外国人材の受け入れは大幅に緩和され、在留期間が無制限となる新たな在留資格も創設された。途上国の経済発展を担う人材育成を目的とする外国人技能実習制度も見直され、実習期間が最大３年から５年に延長されたことに加え、介護分野など対象となる職種の拡大も検討されている。さらには、国家戦略特区において家事支援人材を受け入れるなど、今後、日本語を母語としない外国人が日本に入ってくることは必至である。

　「気がつけば100万人のベトナム人が日本で暮らしていた、ということも起こり得るのです。アメリカも国として公用語を定めていませんが、ヒスパニック系やアジア系の急増により、英語を母語とする市民が危機感を覚え、条例によって英語を州の公用語と定めた例があります。日本も他国に学び、日本語に公用語としての法的な地位を与えるべきだと考えます」

　言うまでもなく、言語は国の重要な政策である。先の蘇州の国際会議に出席した南スーダン共和国は、2011年、スーダンから独立を果たした際に、公用語を英語と定めた。南スーダンではおよそ20種類の少

３つの言語の教育が必要となる
持続可能な日本社会をつくるために

言語と文化は尊重されるべき
日本で暮らすマイノリティの

数言語が話されているが、いずれを公用語に決めても内紛が起こる可能性があり、苦渋の決断として宗主国の言語を公用語にしたのだという。ただし、これは10年間の時限立法で、今後、少数言語のうち教育言語に定められた8つの言語からひとつ、もしくは複数の言語を公用語にするための選挙が行われることになる。つまり、英語が公用語ではなくなるわけだ。こうした状況の中、ユネスコが提唱する3言語教育をどのように計画していくのか、状況は容易ではないと言わざるを得ない。

メルティング・ポットからサラダ・ボウルへ
多様な価値観を尊重する社会に向けて

　日本において日本語が公用語となった場合、そこには日本語を学ぶ「権利」と「義務」が発生することになる。この点において、日本人と外国人の区別はない。日本語理解が限られている外国人に対しては、「公用語である日本語」を習得するための十分な環境を提供していくことが絶対条件である。言葉がわからないために必要な行政サービスが受けられなかったり、十分な教育が行き届かなかったりすることは避けなければならない。

　しかし、ここで忘れてはならないのは、彼らにマジョリティの文化への同化を求めるわけではないということだ。西原さんは、少数者のよりどころである言語と文化は維持されなければならないと、強く念を押す。

　「彼らが母語を話し、自分たちの文化を守る権利は決して侵されてはなりません。それと同時に、彼らの言語を第二外国語として日本の教育制度に取り込み、日本人もそれらを学ぶべきだと考えています。ユネス

コの精神を受け継ぐならば、持続可能な社会をつくるために、日本でも３つの言語の教育について、議論をする必要があるでしょう」

多様な民族を抱えるアメリカは、「メルティング・ポット（人種のるつぼ）」と形容されてきた。人種や文化の異なる人たちが集まり、溶け合って、一体化していく社会を象徴するものだ。しかしそこには、独自性を捨て、多数派に同化する意味合いが含まれていることから、やがて、多様な文化や価値観を尊重する「サラダ・ボウル」という考え方へ転換していく。サラダ・ボウルの中の野菜が、それぞれの色合いや味わいを保ちながら混在するように、多様な民族が独自性を維持しながら共存する社会へとシフトチェンジを図っていったのである。

では、日本の社会はどうだろう。多くの外国人を受け入れ、共生していくための心構えは万全だろうか。これまでにない多言語社会の到来に向けて、英語はもちろん、国内共通語としての日本語、少数派の母語である第二外国語について、きちんと捉え直していく必要があるだろう。西原さんはこう語る。

「グローバル化の本質は、人を大切にして、偏見を持たずに、万人と付き合うこと。そこに、道具としての言葉が存在するのです」

取材協力 ● 西原鈴子／国際交流基金日本語国際センター 所長
https://www.jpf.go.jp/j/urawa/

Column ① 海外レポート パリ

外国語（英語）必修化が進む
フランスの小学校

by 寺尾由美

てらお・ゆみ／パリ在住20余年。エコール・ド・ルーブルとパリ大学で、美術史を学ぶ。雑誌編集者を経て、現在は通訳・翻訳者として活躍中。

小学校の全学年で
外国語教育の必修化を目指す

　初等教育における外国語教育は、フランスでは50年代から実験的に始まり、1992年のEU発足で一気に強化されてきた経緯がある。公立小学校の5学年（最終学年）への外国語の授業の導入は、89年度は12.8％にすぎなかったが、91年度には31.8％へと急増した。

　現在、小学校3年生から5年生への外国語教育普及率は、公立・私立ともに100％に達している。2年生のクラスでも、公立校の95％、私立校の94％で外国語の授業が行われている（2012年度現在）。[1]

　政府は小学校の全学年で外国語授業の必修化を目指しており、1年生に関しても、すでに公立校の76％、私立校の73％のクラスで、外国語に慣れ親しむ活動が始まっている。

◎フランスの義務教育と小学校での外国語教育実施状況

日本		フランス	
			外国語教育の導入状況
小学校	1年生	1年生 CP	公立76％、私立73％*
	2年生	2年生 CE1	公立95％、私立94％
	3年生	3年生 CE2	100％
	4年生	4年生 CM1	100％
	5年生	5年生 CM2	100％
	6年生	小学校	6ème
中学校	1年生	中学校	5ème
	2年生		4ème
	3年生		3ème

＊1年生では「外国語に親しむ」活動。
出典：EDUSCOL (Portail national des professionnels de l'éducation)
http://eduscol.education.fr/cid45682/chiffres-cles.html

現用外国語として
「英語」を教える学校が大多数

　ところで、フランスの小学校教育には、厳密に言って「英語教育」という枠組みは存在しない。「現用外国語（langues vivantes étrangères）」の枠の中で、たまたま英語を教える小学校が多いのだ。

　建前としては、英語、ドイツ語、アラビア語、中国語、スペイン語、イタリア語、ポルトガル語、ロシア語という8言語から、生徒が選択して学べる形式なのだが、学校が実際に提供できるのは、英語の授業のみであることが多い。2012年度の統計によると、公立小学校の92.83％が英語を教えており、大きく離れてドイツ語6.16％、スペイン語1.23％と続く。[1]

　アルザス地方のように、歴史的にも地理的にもドイツ語との関わりが深いといったケースを除き、小学校で教える外国語と言えば、フランスでも圧倒的に「英語」ということになる。国際共通語としての有用性が高いこと、比較的習得が容易であること、優秀な教員が確保しやすいこと、教材も豊富であることなどが、その理由として挙げられるだろう。

授業時数は年間54時間
担任の先生が指導する

　公立小学校で外国語を教えるのは、日本と同じく、ほとんどが担任教員だ。特別な外国語教育を受けてきていないため、先生たちに戸惑いが多いのも、日本とよく似た状況と言えそうだ。

　外国語の授業に教科書はない。多くの場合、先生が配るプリントをもとに授業を進めていく。低学年では、挨拶、自己紹介、ていねいな表現、身近な

話題を取り上げてのオーラルコミュニケーションが主体。3年生以上では、簡単な読み書きも入ってくる。

　授業時数は、小学校2年生から5年生まで、すべての学年において、基本的には年間54時間が推奨されている。ただ、フランスでは日本のように授業1コマの時間が決まってはいない。ブルゴーニュ大学講師でディジョン教員教育大学院訓練官のアンヌ＝マリ・ヴォワーズ氏は、教育者向けインターネットマガジン『イー・マグ・ドゥ・レデュカシオン（l'e-mag de l'éducation）』の中で、「小学校1、2年生では30分授業を週2回、3年生から5年生では45分授業を週2回実施すべき」と語っている（2012年12月18日付の記事）。

　外国語教育は体育や芸術関係の授業と同じ位置づけなので、フランス語や数学に遅れがある場合、教員が外国語の授業をカットするといったことも実際にはあるようだ。グローバル化が進むこの時代、小学校から外国語教育を行う重要性は、教員たちも十分に理解している。それでもまず、フランス語の基礎を固めることが先決だという意識は強く、外国語教育が二の次にされがちであることは否めないだろう。

到達目標は
「ヨーロッパ言語共通参照枠」A1レベル

　コミュニケーションを重視し、楽しく学ぶという点で、小学校におけるフランスと日本の外国語（英語）教育に共通点は多い。だがフランスの場合、「ヨーロッパ言語共通参照枠（CEFR）」[2] のA1レベルという、より具体的な目標を設定している。すなわち、「相手がゆっくり繰り返したり、より明確な表現に言いかえたりすれば、あるいは手助けがあれば、やさしい語や表現を使ってコミュニケーションできる」というレベルだ。

日本と同じように、フランスの小学校でも英語教育に戸惑う教員たちの声が聞こえてくる。

ここを皮切りに、フランスの子どもたちは中等教育以降も、CEFRを指標に、ステップアップを目指していくことになる。

そうはいっても課題は多い。「フランスの小学校の外国語教育は遅れていますよ。その道の専門家ではない先生たちが、研修も不十分なまま、苦労して手さぐりで教えているのですから」——パリの幼稚園の先生で、小学校の学校現場にも明るいバルバラさんが嘆く。

先生たちを対象とした、外国語を教えるための研修は、2008年から始まってはいる。その中で、CEFRのBレベル（自立した言語使用者レベル）相当の語学力を身につけるよう、教員たちに求めてもいる。

数年前からは、小学校教員の国家試験を受ける際、上級教育言語能力証明書（CLES）の取得も必須となった。これに関しては、教員の能力アップを期待する声と、ハードルが上がって、教員志望者自体が減るのではと心配する声が交錯している。

こうした動きはあるものの、こと「外国語教授法」に関しては、必要かつ十分な研修が実施されているとは言えないようで、先生たちにしてみれば、「痒いところに今ひとつ手が届かない」状態が続いている。

今このときにも多くの小学校で、子どもたちに外国語（英語）をどう教えたものかと、先生たちは頭を悩ませ、模索を続けているだろう。おまけにフランスの先生たちには、「自腹で教材を購入しなければならない」という、日本では考えられない負担もある。

美辞麗句が並びがちな国の教育目標や、政府が掲げる外国語教育プログラムに、現実との乖離を指摘する学校現場の声は根強い。グローバル化時代に向けた英語教育環境整備に至る道のりは、日本と同様、フランスにおいても、まだまだ険しく長いようだ。

◆フランスの小学校英語をめぐる声◆

◎ マチルダちゃん
（小5・ヴェルサイユ市）

　英語の授業は週に1、2回で、英語専門の先生が教えてくれます。英語の挨拶や自己紹介の仕方、身近な物の名前などを習っています。テープを聞いて会話を練習したり、ビデオを見たりもします。文法は教わりません。覚えた会話で発表をしたり、単語のテストをしたりします。成績表にはAからEで評価がつきます。

◎ カミーユちゃん（小4・パリ市）

　担任の先生と英語を勉強しています。歌ったり、ゲームをしたり、あと英会話も習います。先生は、感謝祭やハロウィーンなど、イギリスやアメリカの話もしてくれて楽しいです。教科書はありません。でもワークブックはあります。

◎ 小5の娘を持つ父親
（日本人・パリ郊外）

　娘の小学校では英語の授業は週1時間で、生徒は楽しんでいるようです。指導するのは担任ですが、個々の生徒を把握して教えられる点はよいですね。反面、親の間では、英語圏出身の専任教員を求める声も多く、できれば1年生からネイティブの専任講師に教わるほうが望ましいと、私自身も思います。費用の問題もあり、実現は難しいようですが。

◎ バルバラさん（幼稚園教員・パリ市）

　よく小学校の先生たちと意見交換をしますが、十分な研修もないまま専門外の英語を教えることに戸惑っている先生は少なくありません。語学学習に必要な小人数授業や、ネイティブ講師の確保も難しく、継続教育の観点から考えても、わが国の英語教育・外国語教育は、現状では不完全だと感じています。

1) フランス国民教育省学校総局公式サイト、EDUSCOL（Portail national des professionnels de l'éducation）より　http://eduscol.education.fr/cid45682/chiffres-cles.html

2) ヨーロッパ言語共通参照枠
　「ヨーロッパの言語教育向上に向けた基盤づくり」を目指し、欧州評議会が2001年に発表した枠組み。外国語の習得状況を示す参照基準として、ヨーロッパを中心に定着している。フランス語でCECR、英語ではCEFRあるいはCEFと略（本書ではCEFRと表記）。日本語読みではセファール。

I-2
日本の教育の課題

Contents

01 日本の教育の
何がそんなに問題なの?　50
02 グローバル教育の起爆剤
国際バカロレア（IB）　54
03 「日本版 IB」導入で
教育の何が変わるのか　60
04 名門中高も乗り出す海外進学
正念場を迎えた日本の大学　66
05 大学の生き残りをかけた
グローバル人材育成プログラム　70
06 大学のグローバル戦略①
東大 グローバルキャンパスへの挑戦　76
07 大学のグローバル戦略②
SGU としての明治大学の取り組み　80
08 大学のグローバル戦略③
今、英語教育に求められるもの　84
09 多様性の理解を促進させる
リベラルアーツ教育が熱い　88
10 高等教育に変革を起こす
無料オンライン講座「MOOC」　92

Column 2　海外レポート◎香港　98

01.

日本の教育の
何がそんなに問題なの？

産業界をはじめ各界から聞こえてくる「教育改革」の大合唱。
グローバル人材を育てるために見過ごせない現状のボトルネックはどこなのか。
まずそれを知るために、グローバルリーダー育成塾を運営する福原正大氏に話を聞いた。

日本人に決定的に欠けている
世界標準のコミュニケーション能力

　「インプットをアウトプットに変える力を身につける、という訓練が致命的に欠けていますね。だから、世界で活躍できる人材がなかなか育たないのです」

　日本の教育の最たる問題は何か。この問いに、小中高校生のための「英語で考えるリーダー塾 igsZ」を主宰する福原正大氏は、開口一番そう答えた。

　「日本の基礎教育は世界のどの国にも負けないくらい、しっかりしていると思います。ただ、それはいわばストロベリーケーキのスポンジ部分であって、肝心要のイチゴが載っていない状態」と福原さんは続ける。

　確かに、日本人の学力の高さを否定する人はいないだろう。それに支えられた技術水準の高さも、実直な国民性に根ざすサービスの質の高さも、諸外国から称賛されることはあってもけなされることはまずない。だが、多種多様な価値観にまみれてしのぎを削る国際的なビジネスや交渉の場において頭角を現す日本人は、この国の経済力に比して極端に少ないのが実情だ。そのギャップを生み出す要因は何だろう。

　「世界標準のコミュニケーション能力と言いますか、自国の文化に対する理解を踏まえて相手の文化も尊重し、自分の意見や考えをしっかりと発信するスキルが

足りません。自信がないから、議論やディベートにも参加しない。必要十分な知識があっても自信が持てないのは、自分自身で考える、答えを出すまで考え抜く訓練をしてきていないからでしょう」

　福原さんは以前、世界最大の資産運用会社でマネージング・ディレクターを務めていた頃、せっかく国際会議の場に参加していながら、一度も手を挙げて質問することなく帰ってしまう日本人の姿を何度も目にして衝撃を受けた。以来、海外から講師を招いてセミナーなどを行う際、通常ならば講演時間のうち最後の20分程度は質疑応答に当てるところ、日本の会場では残り3分になるまで存分に話してもらうことにした。初めての外国人講師はそんな時間配分を聞いて一様に驚くが、講演を終えてその理由に納得するという。

　これはもちろん、英語力の問題ではない。日本特有の「答えを与える教育」に問題があると、福原さんは指摘する。どんな教科でも工夫はできるはずなのに、日本では幼稚園に入ってから大学を出るまでずっと、例えば宗教間の対立のような「答えの出ない問題」について考える教育を受けないままに過ごしている。

　「そこを根本から変えないと、世界を動かすような日本人のリーダーは増えていかないでしょう。かつての日本では、労働集約型の仕事において十全に機能する質の高い人材を数多く社会に送り出すため、平均点を底上げする必要がありました。だからこそ、均質的な教育に意味があり、その結果、自らすすんで手を挙げることはなくても世界トップレベルに追いつけるだけの学力は手に入れることができた。でも、それが許されたのは先進国の地位に登り詰めるまで。今はもう、

答えを与える教育ではなく自分で答えを考え抜く訓練を

I-2　日本の教育の課題　51

手を挙げない、問題意識の薄い日本人
国際社会でプレゼンスを失う

質問しない＝自分の意見がない＝問題意識がない、と見なされ、国際社会では相手にされません」

このままでは中国や韓国に置いていかれてしまう。グローバルビジネスの最前線に立つ人なら、誰もがそんな危機感を持つ。実際、国際マーケットで競争力を持つ日本の企業は、ひと頃に比べてずいぶん減った。にもかかわらず、人材育成の責を負うはずの教員は、あたかも車の中で嵐がやむのを待つかのように守られるだけで、危機感が薄い。リーマンショック前後のそうした状況が、金融界で活躍していた福原さんにグローバルリーダー育成事業への転身を決意させたのだ。

グローバル人材に不可欠な教養力
自分の価値観を定め、考え抜く訓練を

典型的な日本の教育を受けて育った福原さん自身、その縛りから脱して「世界標準のコミュニケーション力」を手にするまでには相当の訓練が必要だったという。日本の大学を出て就職した銀行からの派遣で、世界最高峰に位置するフランスの経営大学院INSEADに留学したとき、その洗礼を受けた。英語力だけでなく、哲学や思想に関する深い理解、論理的な思考力、創造的な考えを持ち、それを効果的に表現する力と、相手を説得するスキル。それらに長けた世界のエリートに囲まれて自信を失いながらも、胃けいれんを起こすほどの努力をして、同じような力を身につけた。

「このような力を伸ばすための訓練を中学生や高校生のうちから受けることができるなら、もっとたくさんの日本人が未来への可能性を広げ、世界で活躍するチャンスを手にするはず」だと福原さんは言う。その

ために提唱しているのが、「自分自身の軸となる価値観を見定め、本物の教養を学び取る」ことである。それには教室で与えられた知識を覚えるだけでは事足りない。知識をもとに自分の考えを突き詰めること。その思考力を養うために、哲学や思想の古典などを教材に考え抜くトレーニングを積み重ねること。このような下地があり、さらにディベートやプレゼンテーションなどのコミュニケーションスキル、そして英語力が備わって初めて、グローバルな未来が見えてくる。

　福原さんが言うように、否応なくそうした教育に向かわざるを得ないパラダイムシフトが、日本でもすでに起きているようだ。文部科学省が推進する「スーパーグローバルハイスクール」指定校への支援策や、世界共通の大学入学資格「国際バカロレア（IB）」教育の導入促進策（次項参照）などはその表れだろう。また、海外の大学への進学を選択する高校生が目立って増加し、それを後押しするigsZのような新興の進学塾や大学予備校、中高一貫校が相次いで出現するなど、国際仕様の教育が受けられるチャンスと選択肢が急激な広がりを見せている。これを機に「日本の教育が一挙に活性化する可能性は十分にある」と福原さんは見ている。

取材先 ● 福原正大／株式会社 igsZ 代表取締役社長、一橋大学大学院 特任教授
　　　　http://iglobalsociety.com/

参考文献　『ハーバード、オックスフォード…世界のトップスクールが実践する考える力の磨き方』
　　　　　福原正大／大和書房／2013年

　　　　　『世界のエリートはなぜ哲学を学ぶのか？ 桁外れの結果を出す人の思考法』
　　　　　福原正大／SBクリエイティブ／2015年

02

グローバル教育の起爆剤
国際バカロレア（IB）

世界140以上の国や地域で4000を超える初等・中等学校が導入する
大学入学共通資格「国際バカロレア」を取得するための教育プログラム。
日本でも教育の国際標準化を促すため、その認定校を一挙に拡大する試みが進行する。

国際バカロレアが取得できる日本の学校
「2020年までに200校以上」の政府方針

　世界的に通用する大学入学資格「国際バカロレア（International Baccalaureate: IB）」を日本で取得できる認定校を大幅に増やす。政府のグローバル人材育成推進会議が2012年6月に打ち出したその方針は、翌年6月に閣議決定した「日本再興戦略―JAPAN is BACK―」に盛り込まれ、さらに2014年12月の閣議決定「まち・ひと・しごと創生総合戦略」においても確認された。そこには、2020年までに国内のIB認定校等を200校以上に増やす、と明記されている。

　国際バカロレアは1968年、国によってさまざまに異なる教育制度やカリキュラムの違いを超えて、子どもたちが広く世界で進学できるよう道を開く仕組みとしてスイスに誕生した。その使命は「多様な文化の理解と尊重の精神を通じて、より良い、より平和な世界を築くことに貢献する、探究心、知識、思いやりに富んだ若者の育成」にあり、まさに今の日本にとって必要な教育理念が掲げられている。また、その目的を果たすために、「人が持つ違いを違いとして理解し、自分と異なる考えの人々にもそれぞれの正しさがあり得ると認めることのできる人」として学び続けられるよう、独自の教育プログラムを開発。そのプログラムは、

国際標準の大学入学資格
広く世界で進学できるよう道を開く仕組み

年齢に応じて以下の4つの課程に分かれている。

◆ 初等教育プログラム（3歳〜12歳対象）
　Primary Years Programme（PYP）
　精神と身体をともに発達させることを重視

◆ 中等教育プログラム（11歳〜16歳対象）
　Middle Years Programme（MYP）
　これまでの学習と社会とのつながりを学ぶ

◆ ディプロマ・プログラム（16歳〜19歳）
　Diploma Programme（DP）
　最終試験に合格した者にIB修了資格を授与

◆ キャリア関連プログラム（16歳〜19歳）
　Career-related Programme（CP）
　キャリア形成に役立つスキルの習得を重視

ジュネーブに本部を置く国際バカロレア機構（IBO）の認定に基づいてこれらの教育プログラムを提供する学校は、文部科学省によれば2015年4月1日現在、日本を含む世界140以上の国と地域の4107校に上り、その数は刻々と増え続けている。

日本でも1979年以来、「国際バカロレア資格を有する者で18歳に達した者を、高等学校を卒業した者と同等以上の学力がある」として学校教育法で認めてきた。国内の認定校は現在31校を数え、このうち20校がインターナショナルスクールなど、残り11校が学校教育法第1条に規定されている"普通"の学校、いわゆる「1条校」である。【表1】

学校教育の国際化を進めるのであれば、当然この「1条校」における改革が望まれるわけで、目標値の200校もそれを前提としているのだが、現状11校はなんとも心もとないと言わざるを得ない。だが、それで

日本語プログラムの開発へ
認定校拡大に弾みをつける

もこの3年間で倍増、今後もさらに勢いが増すことが期待されるのは、これまで英語またはフランス語、スペイン語で学ぶことが義務づけられていたディプロマ・プログラム（DP）の一部が、2015年度から日本語でも学べるようになったからだ。IBOと文科省の合意により、両者が協力して「日本語DP」の開発に当たる方針が、2013年5月に発表された。

日本語で学べるIBディプロマ・プログラム「日本語DP」認定校が動き出す

　DPのカリキュラムは、6つの教科グループと3つの必修要件（コア）によって組み立てられている。これらを履修したうえで、IBOが実施する共通試験などで所定の成績を収めればIB修了資格を得ることができるのだが、日本語DPはこのプロセスの一部を日本語化するものである。当面の対象となるのは、「経済」「歴史」「地理」「生物」「化学」「物理」「数学スタディーズ」「数学SL」「数学HL」の9科目、及びコアの3要件だが、今後もさらに増える予定であり、グループ2「言語習得」の外国語以外は日本語で試験を受けられる可能性も出てきた。【表2】

　ただし、日本語DPは既存のカリキュラムを単に日本語に翻訳するものではない。IBが定める教育理念と学習者像を踏まえた枠組みをつくること、学際性を重視すること、批判的思考力や問題解決力を養うこと、学校独自の特色を打ち出すことなど、留意すべき点が多々ある。日本の学習指導要領との整合性を図る必要もあり、近々そのガイドラインが出る予定だという。

　そのため、日本語DPの導入が発表されると同時に、東京学芸大学の呼びかけでIB認定に関心を持つ学校

【表1】日本におけるIB認定校　　　　　　　　　　　　　　　（2015年4月1日現在）

学校名	所在地	PYP	MYP	DP
仙台育英学園高等学校	宮城県			○
ぐんま国際アカデミー	群馬県			○
玉川学園中学部・高等部	東京都		○	○
東京学芸大学附属国際中等教育学校	東京都		○	
インターナショナルスクール・オブ・アジア軽井沢	長野県			○
加藤学園暁秀高等学校・中学校	静岡県		○	
名古屋国際高等学校	愛知県			○
立命館宇治高等学校	京都府			○
AICJ高等学校	広島県			○
リンデンホールスクール中高学部	福岡県			○
沖縄尚学高等学校	沖縄県			○
つくばインターナショナルスクール	茨城県	○	○	
インディア・インターナショナルスクール・イン・ジャパン	東京都			○
カナディアン・インターナショナルスクール	東京都	○		
ケイ・インターナショナルスクール東京	東京都	○	○	○
清泉インターナショナルスクール	東京都	○		○
セント・メリーズ・インターナショナルスクール	東京都			○
東京インターナショナルスクール	東京都	○	○	
サンモール・インターナショナルスクール	神奈川県			○
ホライゾン・ジャパン・インターナショナルスクール	神奈川県			○
横浜インターナショナルスクール	神奈川県	○	○	○
名古屋国際学園	愛知県	○		○
京都インターナショナルスクール	京都府	○		
同志社国際学院	京都府	○		○
大阪YMCAインターナショナルスクール	大阪府	○		
関西学院大阪インターナショナルスクール	大阪府	○	○	○
カナディアン・アカデミー	兵庫県	○	○	○
神戸ドイツ学院	兵庫県	○		
広島インターナショナルスクール	広島県	○		○
福岡インターナショナルスクール	福岡県	○		○
沖縄インターナショナルスクール	沖縄県	○		

■＝学校教育法第1条に規定されている学校（通称「1条校」）
出典：文部科学省「国際バカロレアについて」

が全国から参集、教材開発や教員養成などに関する議論と情報共有を目的として「国際バカロレア・デュアルランゲージ・ディプロマ連絡協議会」が発足した。また、IB導入拡大に向けた課題と対策について検討する有識者会議「国際バカロレア日本アドバイザリー委員会」も同時期に組織され、IB導入校に対する支援策などについてまとめた提言が発表された。

こうした中、2013年10月には早くもいくつかの1条校がIBOに対して日本語DPでは初となる認定申請を行った。

【表2】DPのカリキュラム　　　（2015年4月1日現在）

グループ名	科目例（※各グループより1科目選択）
1 言語と文学	言語A：文学、言語A：言語と文化、文学と演劇
2 言語習得	言語B、初級語学
3 個人と社会	ビジネス、★経済、★地理、★歴史、情報テクノロジーとグローバル社会、哲学、心理学など
4 理科	★生物、★化学、デザインテクノロジー、★物理、コンピューター科学、環境システム
5 数学	★数学スタディーズ、★数学SL、★数学HL
6 芸術	音楽、美術、ダンス、フィルム、演劇

必修要件（コア）	概要
★ 課題論文 Extended Essay (EE)	履修科目に関連する個人研究を行い、4000語の論文にまとめる（日本語の場合8000字）。
★ 知の理論 Theory of Knowledge (TOK)	批判的思考を培いながら、自分なりのものの見方や他人との違いを自覚する。最低100時間の学習。
★ 創造性・活動・奉仕 Creativity/ Action/ Service (CAS)	DP2年間を通して、芸術活動や身体的活動、ボランティア活動などの体験的な学習に取り組む。

★＝日本語DP対象科目
出典：文部科学省「国際バカロレアについて」をもとに作成

知識偏重主義からの脱却へ
IBで日本の教育に変革を

教員養成や大学の受け入れ体制整備が急務
学習指導要領との両立も課題

　IB導入をめぐる動きは国の旗振りで一気に加速した。折しも2013年10月、IB導入推進を担う大臣官房国際課長の任に就いた今里謙氏は当時、玉川大学主催の「国際バカロレア教育フォーラム」に登壇し、今後の課題として次の4点を挙げている。①教員の確保、②大学入試におけるIBの活用、③学習指導要領との擦り合わせ、④生徒の語学力向上。

　①については現在すでに、IB教員養成のためのワークショップを適宜開催するのと並行して、特別免許状の授与促進により外国人教員がIB認定校で教えられるよう便宜が図られている。また、2014年度から玉川大学にIB教員養成課程が開講したのをはじめ、広島大学など複数の大学で同様の準備が進行中だ。②では、これまでは大半の大学で帰国生や外国人留学生に限られていた「国際バカロレア入試」の日本人生徒への適用拡大を文科省が働きかけ、2014年末現在で筑波大学など15大学が導入済み、北海道大学など24校が導入予定または検討中の状況にある。③は大きな壁だが、「両立可能」が文科省の基本的見解で、ガイドラインを策定中。④はもちろん、IBに関係なく喫緊の課題として対策が進む。

　「IBは知識偏重主義の教育に一石を投じる可能性がある」と今里氏は述べた。それは国際標準の教育への転機であり、導入校を基点として他校への波及が期待されると言う。その効果とは何か。次項で検証する。

参考文献　「国際バカロレアについて」文部科学省
　　　　　http://www.mext.go.jp/a_menu/kokusai/ib/index.htm

　　　　　「国際バカロレア（IB）の教育とは」国際バカロレア機構

03.

「日本版IB」導入で
教育の何が変わるのか

期待と不安、戸惑いが入り交じる「国際バカロレア」をめぐる日本の教育現場。
これを契機に変わるべきもの、教師や保護者が知っておくべきことは何か。
IBプログラムの実践で経験を積んできた2人の教育関係者に話を聞いた。

グローバル教育＝英語教育という誤解
国際バカロレアがそれを正す

――「グローバル教育＝英語教育」というこれまでの価値観に一石を投じ、「日本語でもグローバル教育はできる」という新たな視点を与えることができるのではないか。私はそう考えています。

　書籍『世界で生きるチカラ　国際バカロレアが子どもたちを強くする』（ダイヤモンド社）の一節である。著者は、東京インターナショナルスクール代表で国際バカロレア機構アジア太平洋地区（IBAP）委員の坪谷ニュウエル郁子氏。自らも奔走して実現させた「日本語DP」（前項参照）導入の意義にふれて、そう記している。そこにはまた、国際標準の教育をわざわざ日本語で行う理由として、こんな言葉もある。

――そもそも教育や文化というのは、自国の文脈の中でまずは理解すべきものだからです。そのうえで、異文化があることを知り、それを受け入れていく。自国のアイデンティティに根ざした多様な価値観の獲得こそが、グローバル教育の本質ではないかと考えます。

　国際バカロレア（IB）を導入する日本の学校を200校以上に増やす――文部科学省が発表した大胆な政策にともない、「日本の英語教育が変わる」「海外進学の道が開ける」といった期待感が高まっている。だが、坪

谷さんの話を聞くと、そうした利点も一面的なものにすぎないように思えてくる。IBを取り入れることの本質的な意味はどこにあるのだろう。

　教育には大きく2つのカタチがあると、坪谷さんは言う。「与える教育」と「引き出す教育」だ。世の中が不安定なとき、多くの人々に知識や規範をあまねく浸透させるのに、与える教育は往々にして役に立つ。明治期や戦後の日本はそうだった。反面、現在のように平和な時代、誰もが等しく情報を得られる社会にあっては、引き出す教育の重みが増す。与えるのに適した単なる知識なら、インターネットなどである程度は入手できるからだ。重要なのはそれを何のためにどう活用するか、一人ひとりが自分の問題意識に照らして考え、自ら解決策を探る行為である。その力を引き出すきっかけづくりが、教師や親の役目となる。

　「これは善しあしの問題ではなく、どちらかのカタチに一本化すべきという話でもありません。ただ、社会の動きが目まぐるしく、どれかひとつの分野からのアプローチでは、あるいは誰か1人の、どこかひとつの国の力だけでは解決できない問題が重なりあう現代においては、引き出す教育は非常に重要です」

　予測できない課題に遭遇したとき、自分の考えを瞬時にまとめて行動を起こすことができる。そんな能力を持つ人物を育てることが、グローバル教育の本筋であり、IBの役割もまたそこにあるのだという。

　「引き出す教育」を十分に機能させるには、授業の主役はあくまでも生徒でなければならない。そのため、IBでは前項で述べた「使命（Mission）」と並び、次ページのように10の「学習者像（Learner Profile）」を明

自国の文化をまず理解する
グローバル教育はそこから始まる

確に定め、教員だけでなく生徒自身がこれを理解し実践することを重視している。

- 探究する人（Inquirers）
- 知識のある人（Knowledgeable）
- 考える人（Thinkers）
- コミュニケーションができる人（Communicators）
- 信念を持つ人（Principled）
- 心を開く人（Open-minded）
- 思いやりのある人（Caring）
- 挑戦する人（Risk-takers）
- バランスのとれた人（Balanced）
- 振り返りができる人（Reflective）

IBが追究する「全人教育」の理念
人間力を育むための幅広い知識と教養を

　この学習者像は、IBの初等教育プログラム（PYP）、中等教育プログラム（MYP）、ディプロマ・プログラム（DP）、キャリア関連プログラム（CP）のすべてに共通するもので、それぞれの学習者像に設定された到達目標が、子どもたちの成長過程に応じてより高度なものへと段階的に引き上げられていく。

　例えば「探究する人」であれば、未就学児には「いろいろなことに興味を持ち、新しいことを発見する」などとされている目標が、小学校低学年になると「世界中のことについて、自分でいろいろと調べる」などの行為が加わり、さらに高学年では「学びたい気持ちを育てる」「生涯学び続ける」などといった要素が盛り込まれながら、少しずつ進化していくのである。

　このように教科教育に落とし込む前の「概念」を重要視するIBのアプローチは、各プログラムの成り立

正解のない教育にさらされて　考える力が確実に身につく

ちにも強く表れている。3歳〜12歳を対象とするPYPを見てみよう。文科省のウェブサイト「国際バカロレアについて」では、次のように説明されている。

> PYPのカリキュラムは、国際教育の文脈において不可欠とされる人間の共通性に基づいた以下の6つの教科横断的なテーマが中心となっている。
> - 私たちは誰なのか
> - 私たちはどのような時代と場所にいるのか
> - 私たちはどのように自分を表現するか
> - 世界はどのような仕組みになっているのか
> - 私たちは自分たちをどう組織しているのか
> - この地球を共有するということ
>
> これらの横断的テーマに取り組みつつ、PYPのカリキュラムでは、以下の6教科を学習する。
> - 言語　・社会　・算数　・芸術
> - 理科　・体育（身体・人格・社会性の発達）

同様にMYPでも、グローバルな文脈として、「人間の創造性」「多様な環境」など6つの学際領域が設けられ、教科と教科をつなぎ、学習内容と実社会の営みを関連づける役割を果たしている。坪谷さんの言葉を借りれば、こうした学びのあり方は「学力だけでなく、人間力を育むための幅広い知識と教養を身につける教育」、すなわち「全人教育」ということになる。

日本は「正解のない教育」になじめるか
本格的なグローバル教育への挑戦が始まった

では、IB認定校の教員は実際どのように授業を行うのか。玉川学園中学部・高等部へのIB導入を先導した玉川大学大学院教育学研究科の江里口歡人教授に話を聞くと、次のような答えが返ってきた。

「IBクラスの教員は、例えばこんな質問をします。『アフリカのコンゴ共和国では自然資源が豊富にあるのに輸出が進まない。なぜ？』。日本の教育であれば、その答えはたいてい教科書のどこかに書かれています。しかし、IBではそれがないし、教員も教えない。そもそも正解などないのです。政情の問題かもしれないし、地理的な制約や民族性が関係するのかもしれない。生徒たちが自分でそれを調べ、考え、意見をまとめて発表します。どんなに突拍子もない結論でもいい。教員はそれを無下に否定したりせず、そこに込められた生徒の考えにじっくりと耳を傾け、議論を促します」

 これはMYPでの実例だが、PYPでもDPでも基本は変わらない。算数や数学ならば通常、解答への道筋や公式を頭にたたき込むための訓練に力を入れるべきところ、IBでは「なぜ、この問題を解くのか」といった問いに多くを費やす。そこにあるのは、日本の大学受験には向かないだろうが、「考える力は確実に身につく教育」（江里口教授）なのである。

 いきおい、教員の役割も知識重視の教育におけるそれとは異なり、生徒たちが自ら考え、表現し、学び続ける姿勢を保てるよう伴走する「ファシリテーター」であることが求められる。教員自身が、教室で扱うすべての知識に通じている必要はない。

「そして、コンセプトが極めて明瞭であるのとは裏腹に、細かなカリキュラムや現場での教え方は個々の学校や先生の裁量に任されるということも、IBの大きな特色でしょう。ただ、そこがコンセプトの理解と並んでIBの最も難しいところで、指導要領の型に沿って教えることに慣れてきた日本の教員にとっては、特に大きなハードルかもしれません」（江里口教授）

主役は生徒、教師はファシリテーター
IBが求める授業のあり方

I-2

　それを乗り越えるには教員自身が意識を変え、「正解のない教育」に慣れ親しむ以外に方法はない。子どもの成績や受験に大きな関心を寄せてきた保護者にも、同じことが言えるだろう。IBと同じく「全人教育」や「国際教育」を理念に掲げる玉川学園でも、IB導入の準備から数えて現在までの約15年をかけて、少しずつその意識を定着させてきた。なぜ、そうするのか。IBが「日本に国際標準の教育をもたらす起爆剤」になる可能性を秘めているからだ。

　IBの関係者も文科省も、日本の教育すべてをIBに換えることを求めているのではない。江里口教授は言う。「似たような個性を育てることを続けてきた日本の『盆栽教育』を脱し、多様性を重んじる教育と社会をつくりたい。IBはその選択肢のひとつです」。坪谷さんの前掲書『世界で生きるチカラ』にはこう書かれている。——「知識詰め込み型教育からの脱却」と「本格的なグローバル教育」がまさに始まろうとしているのです。

取材協力 ● 坪谷ニュウエル郁子／国際バカロレア機構 アジア太平洋地区委員、東京インターナショナルスクール 代表　http://ibo.org/　http://tokyois.com/
　　　　　江里口歓人／玉川大学大学院教育学研究科 教授

参考文献　『世界で生きるチカラ　国際バカロレアが子どもたちを強くする』
　　　　　坪谷ニュウエル郁子／ダイヤモンド社／2014年

　　　　　『IB教育がやってくる！「国際バカロレア」が変える教育と日本の未来』
　　　　　江里口歓人／松柏社／2014年

　　　　　「国際バカロレアについて」文部科学省
　　　　　http://www.mext.go.jp/a_menu/kokusai/ib/index.htm

I-2　日本の教育の課題　　65

04.

名門中高も乗り出す海外進学
正念場を迎えた日本の大学

日本の大学と海外の大学を「併願」受験する高校生が増えている。
「海外進学」に照準を合わせた進路指導を行う中学・高校、予備校も後に続く。
海外にあって日本にないものは何か。グロービス経営大学院の堀義人学長に聞いた。

東大よりもハーバード？
「海外進学」が当たり前になる時代

　ここ数年、海外の大学への進学を希望する高校生が目立って増えているのにともない、そのための特別プログラムや進路指導を拡充するなどして支援に乗り出す学校側の動きが加速している。

　私学の名門、開成中学校・高等学校では2014年度から、中学生を含む全校生徒を対象に「カレッジフェア」を開催、アメリカなど海外の大学から入学審査担当者を招き、模擬授業や個別相談を交えた検討の場を設けている。また、グローバル人材育成支援を目的とするOB組織「グローバル開成会」も発足し、海外経験のある卒業生らが現役生の相談に応じている。

　ライバルの武蔵高等学校中学校でも2014年度より、テンプル大学日本校と協力して、科学を中心にリベラルアーツを英語で学ぶ課外講座「Musashi Temple RED Programs」を開講。他校生徒にも門戸を開き、海外進学塾とは一線を画すとしながらも、英語圏の大学への出願を視野に入れた教育と情報提供を行う。

　東京だけではない。千葉県の渋谷教育学園幕張中学校・高等学校では、この3年間で海外の大学に72名の現役合格者を輩出。2012年度から高校3年生向けに、海外出願に必要な論文の指導講座も開いている。

異なる価値観がぶつかるから面白い
日本の大学にはない海外の魅力

　2015年度文部科学省「スーパーグローバルハイスクール」の採択校、新潟県立国際情報高校でも県立高校としては初となる「海外大学進学コース」を2013年度に開設。コミュニケーションスキルや批判的思考力などを鍛える学習に加え、アメリカ現地の大学へのキャンパスツアーまでもプログラムに組み込んだ。

　こうして進路の選択肢が海外にまで広がるのは、受験生にとって望ましいことに違いない。だが、裏を返せばそれは、グローバル志向の高校生にとって国内の大学が色あせて映ることも意味するのではないか。英語が身につくかどうかの差は大きいが、それを差し引いたとして海外と日本の大学の教育は何が違うのか。

　ハーバード大学ビジネススクール留学中に目のあたりにした教育のあり方に衝撃を受け、帰国して自らマネジメントスクールを開校した堀義人氏（グロービス経営大学院学長）の答えは明快だ。

　「正解のない課題に対して最善の解を求められるよう訓練する。海外の大学、特にトップレベルの学校ではそうした教育が行われます。高校までの授業と同じように、レクチャー中心の一方的な教育が大半を占める日本の大学との大きな違いでしょう」

　「正義とは何かを」を問うマイケル・サンデル教授の「白熱教室」がいい例だろう。もちろん、そこには正しい答えなど存在しない。自分自身のアイデンティティと信条に照らしてどう考えるか、なぜそう思うのかを明確に表明し、別の多様な意見を持つ人たちと議論を交わして擦り合わせ、修正を施しながら自分の考えに磨きをかけていく。それこそが高等教育に求められるべき教育の形ではないかと、堀さんは言う。

　「人それぞれに異なる、固有の考え方や価値観を持

ち寄るから面白いのです。他の誰かと同じ意見なら、その人から聞く意味はありませんよね。私自身、ハーバードや、世界中から実業家が集まるダボス会議のような場を経験して、自分の哲学を持つことの大切さを痛感しました。若い時期にこのような気づきが得られるかどうか、これは将来に大きく影響します」

高校留学＋海外進学のススメ
日本の大学はどうするのか

　しかし堀さんは一方で、日本の高校までの教育に不満はなく、世界的に見てもむしろ優れていると話す。
　「学習レベルだけでなく、部活動などを通じて養われる集団生活に必要な規範意識の水準も非常に高い。これは組織力という意味でも大きな強みになります。英語に関しても、文法力と発音、言葉の選び方を含めた語彙力がきちんと身につけば、今のやり方でも大きな問題はないと私自身は思っています。
　ただ、創造性や表現力といったものは学校教育だけではなかなか身にならないでしょうから、そこは家庭で補完する。それに加えて、高校卒業までに最低１年間、海外に留学する経験をしておくといいですね。グローバル人材に不可欠な異文化コミュニケーションの力を得るためにも、その経験は重要です」

　堀さんが挙げるグローバル人材の要件は３つある。
① 英語力（世界共通の言葉を操る力）
② Global Perspective（世界を俯瞰して見る力）
③ 異文化コミュニケーション力（世界中で人間関係を築く力）

世界を知る適齢期
高校留学で異文化を乗り越える経験を

　英語力は必須だが、それだけでは相手にされない。国ごとに、地域ごとに個別の文化的・歴史的事情を把握するとともに、それらの知識を総動員して世界全体の出来事をマクロに眺める視野の広さが必要だが、実際に外国に出てみなければ、その感覚はつかみにくい。

　そして、何よりも難しいのが3つ目の異文化コミュニケーションだ。自分の知らない文化と価値観を持つ人たちと接したとき、そこからいかにして共通項を見いだし、対話を重ね、人間関係を築きながら、問題解決を図るのか。世界中のどこにいる人たちとも、日本人に対するのと同じような感覚で接することができる。そんな力を得るのに最も適しているのが十代後半ではないかと、幼少期と高校生、社会人の三度のタイミングで海外に出た自身の体験から、堀さんは考える。

　折しも政府の高校生短期留学支援策「トビタテ！留学JAPAN 日本代表プログラム高校生コース」が2015年度に始動する。そうした奨学制度も活用しつつ、高校までの学習を日本できっちりこなし、大学時代は海外で過ごして国際標準の教育を受ける。そんなグローバル人材の育成ルートも見えてくるが、果たして日本の大学はそれでいいのか。社会の要望に応える高等教育の役割をどう担うか。正念場と言えそうだ。

取材協力 ● 堀　義人／グロービス経営大学院 学長　http://mba.globis.ac.jp/

05

大学の生き残りをかけた
グローバル人材育成プログラム

海外の大学への「進学」が当たり前に語られるようになり、少子化も極まる中、
生き残りをかけた日本の大学のグローバル化競争に拍車がかかっている。
あの手この手の国の支援策と独自の工夫——。千差万別の戦略が見え隠れする。

大学のグローバル展開は国家の急務
大型助成プログラムで支援を強化

　グローバル人材を育てるために、大学が担うべき役割が大きいことは言うまでもない。文部科学省では、「スーパーグローバル大学事業」をはじめとする数々の施策で大学の国際化を後押しする。2015年1月に出された文科省の平成27年度予算案によると、「グローバル人材育成のための大学の国際化と学生の双方向交流の推進」を目的とする予算案の総額は約463億円で、このうち、①「大学教育のグローバル展開力の強化」に約110億円、②「大学等の留学生交流の充実」に約353億円が割り振られている。

　①の目玉と言えるのが、マスコミでも再三取り上げられたスーパーグローバル大学事業。世界大学ランキングの100位入りを目指す「トップ型」13校と、大学の国際化に先導的な役割を果たす「グローバル化牽引型」24校が2014年9月に採択され、2013年度で終了した「国際化拠点整備事業（グローバル30）」に代わる大型支援策として注目されている。最長10年にわたる年間助成金は、トップ型で最大5億円、牽引型で最大3億円にも上り、「国際化」に覚えのある大学にとってこの採否は大きく明暗を分けた。

スーパーグローバル大学、グローバル人材育成支援など 国際化を後押しする国のプランも続々。

　これよりも補助金は1件最大2.6億円と小ぶりだが、全国から42大学が選定され、文科省も関連イベントを主催するなどPRに力を入れる「経済社会の発展を牽引するグローバル人材育成支援（グローバル人材育成推進事業）」が、2012年度から5年計画で実施中だ。その第1回イベント「Go Global Japan Expo」は2013年12月に早稲田大学で行われ、文科省の留学促進キャンペーン「トビタテ！留学JAPAN」の紹介役に呼ばれたAKB48の効果もあってか、約4100人の来場者を集めて盛況だった。翌年の第2回エキスポは関西学院大学で開催。「日本最大のグローバル大学博覧会」と銘打ち、高校生歓迎を大きく打ち出して受験生にもアピールし、来場者は5300人を超えている。

　①ではこのほか、教育プログラムの国際化を目的とする「大学の世界展開力強化事業」があり、アメリカに加えてASEAN諸国、ロシア、インドなど、日本の大学のグローバル戦略にとって重要な国や地域との双方向交流事業を支援する。

　他方、②に含まれるのは「大学等の海外留学支援制度の拡充」と「優秀な外国人留学生の戦略的な受け入れ」。前者では東京オリンピック・パラリンピックが開催される2020年までに日本人海外留学生の倍増（大学生 6万人→12万人／高校生 3万人→6万人）を実現させるため、奨学金を拡充するなどして留学経費の負担軽減を図る。また、後者では日本を訪れる外国人の「留学生30万人計画」達成に向け、奨学金の拡充や住環境の整備、就職支援の強化を含む受け入れ環境の充実を図りつつ、入試や入学の仕組みを改善するなどして間口を広げていくという。

大学改革の必要性 ── もはや変わらざるを得ない

激しさを増す高等教育の国際競争
日本の大学は生き残れるか

　では、なぜ日本の大学はグローバル化を急ぐ必要があるのか。東京大学名誉教授の天野郁夫氏の論文「グローバル化と日本の大学改革──国際競争力強化への課題」によると、日本の大学が国際化を含む大きな変革を迫られている背景には、高等教育の「ユニバーサル化」「市場化」「グローバル化」という世界をまたぐ3つのメガトレンドと、「人口減」「経済低迷」「規制緩和」の3つの日本的要因があるという。

　高等教育のユニバーサル化とは、大学進学率が5割を超え、大半の国民が当然のように高等教育を受ける権利を手にする状況を言う。90年代から2000年代初めにかけて日本を含む先進諸国はすでにこの状態に至り、量の拡大に見合う教育システムの変革や質の確保が求められると同時に、逼迫する教育財政の影響で大学経営に市場原理を導入せざるを得なくなった。優秀な学生や教員、教育研究資金の獲得をめぐる競争は国立大学も巻き込んで激しさを増し、さらにグローバル化の進展でその市場は国境を越えて広がった。アメリカ発祥の無料オンライン講座「MOOC（Massive Online Open Courses）」が瞬く間に世界を席巻し、わずか2、3年で数百万人を超える受講者を集めている現状からしても、それは明らかだろう。

　日本の事情に目を転じれば、90年代に入って18歳人口が減少の一途をたどり、約半数の大学・短大が定員割れに喘ぐ現況が、教育研究や組織、経営のあり方に重大な影響を及ぼすのは当然である。長く低迷する

日本経済を再生するために、実業界ではグローバルな舞台で活躍できる人材の確保が急務となり、産学連携による教育力・研究力のレベルアップを強く求めている。また、大学設置認可条件の緩和や国立大学の独立法人化などに見られる規制緩和が大学間の自由競争を加速させ、生き残りをかけた改革が必須となった。その対策の最たるものが、グローバル化である。

　こうした事情に照らして考え直すまでもなく、大学のグローバル化は産官学民の一致した要望である。経団連は2013年6月に発表した提言「世界を舞台に活躍できる人づくりのために」の中で、「高等教育で求められる取り組み」として、以下の4点を挙げている。

① 高大接続の改善と入試改革の実現
② 教養教育（リベラルアーツ教育）の拡充
③ 大学の国際化のさらなる加速
④ 学生の多様な体験活動の推進

　大学への入口においては一発勝負で合否を分かつ入試ではなく、意欲や能力や適性を多面的に判断する入学審査制度を導入し、英語の4技能を測る外部試験や国際バカロレア（IB）資格を活用する。教育課程では専門分野に加えて人文・社会・自然の諸科学をまたぐ広範な教養を身につけさせ、留学交流やダブルディグリーなど海外の大学と連携する制度を整えながら、海外でのボランティア活動やインターンシップなどの自主的活動を後押しする、というものである。

グローバル化の仕掛けは千差万別
独自の取り組みで特色を打ち出す

　対する大学も手をこまねいているわけではない。2013年に「Waseda Vision 150」を策定した早稲田大学では、創立150周年を迎える20年後までに、すべての学生を在学中に一度は海外へ送り出し、外国からは１万人の学生を受け入れると発表した。現状でも、英語による履修だけで学位が取得できる課程を６学部11研究科に置き、クォーター制（４学期制）を導入して夏季講座を利用した留学交流に便宜を図る。2014年春には東京・中野に国際学生寮「WISH」を開設し、日本人と外国人の学生が共生する仕組みを整えたほか、教育面では民間企業のプロジェクトに学生が参加して問題解決に挑む実践型授業を展開するなど、国際水準の環境づくりに努めている。教務担当理事の田中愛治教授は、日本経済新聞への寄稿にこう記した。
　──大学の改革の取り組みが十分だと言うつもりはないが、（中略）社会で活躍中の方々が過去に経験した大学教育とは様変わりした教育活動が、今日の大学で展開されている（後略）（2014年1月13日）

　国際化の仕掛けのひとつとして学生寮を活用する動きは他大学にも見られ、中央大学や芝浦工業大学、創価大学、東京理科大学などが続々と開設。英語漬けの環境づくりでは、近畿大学の「英語村E３（イーキューブ）」が"英語の遊び場"をコンセプトに数年間で50万人を超える利用者を集めて成功を収め、鳥取環境大学がこれにならったほか、武蔵大学、桐蔭学園などでも英語オンリーの「村」を興している。
　その武蔵大学は2015年度から、日本にいながらに

様変わりする大学教育
日本で英国の学位が取れるプログラムも

I-2

してロンドン大学の学位が取得できる「パラレル・ディグリー・プログラム」を開設する。ロンドン大学の国際プログラム（IP）と提携し、その入学基準を満たした学生を武蔵大学において英語で指導、最終的に両大学の試験に合格すれば双方から学位が得られるというもの。留学を前提としないユニークな試みだ。

2つの大学で一定期間ずつ学ぶことで同時に学位を手にするダブルディグリー制度はこれまで大学院が中心だったが、明治大学（政治経済学部）や慶應義塾大学（経済学部）など、学部課程に導入するケースも増えている。また、立命館大学のように、中国、韓国の提携大学を交えた3つのキャンパスの間を学期ごとに順に巡りながら学ぶ「移動キャンパス」の例もある。

グローバル化の恩恵のひとつがダイバーシティ（多様性）の獲得にあるとすれば、その手段もまた多様、千差万別の取り組み方があっていいのだろう。

参考文献　「グローバル化と日本の大学改革——国際競争力強化への課題」
天野郁夫／nippon.com（一般財団法人ニッポンドットコム）2014.1.28
http://www.nippon.com/ja/in-depth/a02801/

06

大学のグローバル戦略①
東大 グローバルキャンパスへの挑戦

日本が世界に誇る高等教育機関でありながら、一般には国際化の印象が薄かった東大。
ここが真っ先に変わらなければ、大学教育の国際標準化は進まないのではないか。
「グローバルキャンパスモデル」を標榜する東大の挑戦が始まった。

日本の大学の「10年後」を問う
スーパーグローバル大学創成支援

　世界トップレベルの研究型総合大学にふさわしいグローバルキャンパスモデルの構築——。文部科学省「スーパーグローバル大学創成支援」の獲得に向けて、東京大学が掲げたテーマである。2014年5月、文科省に提出された80ページ近いその申請書には、これまで一般には国際化の印象が薄かった東大の、ドラスティックな変貌への道筋が描かれていた。

　スーパーグローバル大学創成支援は前項でも述べたように、日本の大学のグローバル化を後押しするために、文科省が今後10年計画で支援金を拠出する大型プログラムだ。その目的は、「徹底した国際化と大学改革を断行する大学を重点支援することにより、我が国の高等教育の国際競争力を強化すること」にある。タイプA：トップ型（世界ランキングトップ100を目指す力のある大学）、タイプB：グローバル化牽引型（先導的試行に挑戦し、我が国の社会のグローバル化を牽引する大学）の2つに分けて公募され、104校からの109件の申請に対して、2014年9月に37件（37校）の採択が決定した。

　タイプAに採択された13校は旧帝大など国立大学

が大半を占め、私立は慶應大と早稲田大の2校のみ。タイプBの24校は国公立12校と私立12校が半々だ。採択のベースとなる要件には、「学生及び教員の外国人比率の向上」「英語による授業の拡大」などが挙げられ、それらの指標に対して、2013年度の実績を踏まえ、2023年度の最終目標まで3段階で達成目標値を明記することが求められている。

　例えば、タイプAの北海道大学の場合、外国籍教員数は2013年度の94人から16年度に142人、19年度に190人と増やし、23年度には240人へ。外国人留学生は1876人から2400人、3100人、4000人へと拡大させる、といった具合である。

東大の研究レベルは世界水準
これからの課題は「教育の国際化」

　では、東大はどうか。グローバル人材の育成が国策となった今、日本の最高学府である東大が、それを牽引するイニシアチブを発揮しないわけにはいかない。達成目標値には、その意気込みがよく表れている。外国籍教員数は2013年度の491人から10年後に1160人へ。これはタイプBの私立も含めて最も多く、2位の大阪大（510人）に倍差をつける人数だ。現状でも東大の外国籍教員数はトップだから当然と言えばそうだが、その他の指標、例えば外国人留学生：3093人→7300人、日本人学生の海外留学経験者：427人→2700人、外国語による授業科目数：1034科目→2450科目などは、現状は大差のない有名国立大の中にあって一挙に抜きに出る計画である。

　とはいえ、留学経験のある日本人学生数の現状は、

国際化の見本となれるか　東京大学グローバルキャンパスモデルの構築

大学院生を含む全学生2万5216人のわずか1.7%にすぎず、約3000人を数える外国人学生もそのほとんどが大学院生で、学部生は2％程度だというのだから、これくらいの目標を立てないことには「グローバルキャンパス」とは言いがたい。

英国Times Higher Educationの世界大学ランキング（World University Rankings 2014-15）で、確かに東大はアジアトップの23位の座に位置し、世界中の研究者が評価するWorld Reputation Rankings 2014では、さらに上の11位につけている。現状でも東大は、押しも押されもせぬ世界トップレベルの研究型総合大学に違いない。しかし、いくら研究レベルが世界最高でも、それと対をなす教育のシステムや環境、組織などが国際標準に変わらなければ、グローバルキャンパスには至らないのではないか。

その点について、グローバルキャンパス構想の策定に関わった東京大学本部国際部部長の杉浦健太郎氏は次のように説明する。

「構想には、卓越性・多様性・流動性という3つのキーワードが盛り込まれています。卓越性は世界最高・最先端の教育研究を表し、これを海外の大学との戦略的なパートナーシップを活用した共同研究や、ジョイント教育プログラムなどによって推進していきます。それと並行して多様性と流動性を確保する。つまり、学生と教職員が文化や言語、ジェンダー、年齢などを超えて多様である環境を整え、その流動性を高めて活力を生み出すために、海外での学習・体験がしやすくなる学事暦の導入や、英語で学位が取得できるコースの拡充などを進めています」

また、これらを実現するにあたり、グローバルな視点からその推進を支える「職員の能力開発と国際化、

多様性と流動性の確保

グローバルキャンパスの鍵を握る

これが実はかなり重要」だと杉浦氏は付け加えた。

挽回なるかキャンパスの「多様性」
日本ならではの価値にも着目

　大学の国際化にとって「多様性」が最重要課題であることは論を待たない。ここ2、3年で、ハーバードやイェールなどアメリカのトップ大学と東大や京大の受験を併願する高校生が増え始めているが、両方に合格した場合、海外を選ぶ理由のひとつに「人材の多様性」を挙げる声は少なくない。半年ほど東大に通ってからアメリカ行きを決めたある学生は、「東大の外国人留学生の少なさにがっかりした」と打ち明ける。

　だが、今回の構想に記された具体策を見ると、その改善にも期待が持てそうだ。海外の学事歴に合わせて留学などに便宜を図るターム制の導入や、ボランティア体験を含む短期海外研修プログラム、英語で授業を行う学部横断型グローバルリーダー育成プログラムの開設、海外の教育・研究事情などに通じた専門職員（University Globalization Administrator）の採用など、数々のプランが挙げられている。

　そして注目すべきは、「日本的な価値や見方を生み出す、日本語による高度な研究と教育」を多様性のひとつに挙げている点だろう。明治期以来、日本は自国語を使って世界レベルの教育研究を続けてきたアジアでも特異な存在である。ある意味でそれが国際化を遠ざけてきた一因であったとしても、今こそ「日本ならではのアプローチと価値観」をグローバルキャンパスの強みに加えるべきときかもしれない。

取材協力 ● 杉浦健太郎／東京大学本部国際部 部長

I-2　日本の教育の課題

07

大学のグローバル戦略②
SGUとしての明治大学の取り組み

「グローバル30」「スーパーグローバル大学」に採択された明治大学では
これからの時代を切り拓く人材をどう育てようとしているのか。
今やグローバル化への対応なくして、大学改革は語れない。

自ら考え、学び、行動する主体性と
コミュニケーション力をすべての学生に

　大学の国際競争力向上を図るべく、文部科学省では、グローバル化を牽引する大学に、重点的な財政支援を行っている。対象となるのは、国公私立37校の「スーパーグローバル大学（Super Global University: SGU）」だ。そのひとつである明治大学では、「世界へ！ MEIJI 8000 ─学生の主体的学びを育み、未来開拓力に優れた人材を育成─」が、スーパーグローバル大学創生支援のタイプB、「グローバル化牽引型」のカテゴリーで採択された。

　「MEIJI 8000」の「8000」とは、同学の毎年の卒業生数。学部と大学院を合わせた、およそ8000人の卒業生全員を、「未来開拓力に優れた人材」に育てて社会に送り出すことが、「MEIJI 8000」の主眼だ。その「未来開拓力」とは、どんな力を指すのだろう。

　もともと明治大学は、「権利・自由、独立・自治」を建学の精神に、「個」を伸ばす教育を行ってきた。「MEIJI 8000」も同一線上にある。グローバル化時代を生きる力として、自ら考え、学び、行動する主体性と、教養に裏づけられたコミュニケーション力が重要だとし、その力を獲得するために、留学、ジョイント

ディグリー、インターンシップなど、100を超える国際プログラムを展開。留学生の受け入れや、外国人教員の雇用の促進による「キャンパスのグローバル化」に加え、留学の奨励、海外拠点や協定校との国際ネットワークの構築、国際会議等への学生の参加など、「機会のグローバル化」にも精力的に取り組んでいる。

留学生の受け入れ、日本人学生の留学、ともに10年以内に4000人を目指す

　SGUに先駆け、2009年には「グローバル30（国際化拠点整備事業＝G30）」に採択されたが、組織編成などは、その数年前から整備してきた。そしてG30採択を弾みに各種事業を始動し、今に至っている。

　現在、留学、海外インターンシップ、海外ボランティアといったプログラムに参加する学生は、年間およそ1000人。「この数を、10年後には今の4倍の、4000人に拡大したい」と、国際連携本部長を務める勝悦子副学長（国際交流担当）は言う。順調にいけば、いずれ明大生の2人に1人が、在学中に何らかの形で海外活動を経験することになるだろう。

　同様に、現在およそ1600人という留学生の受け入れ数も、10年内に4000人を目指す。これを念頭に、英語の学位コースを拡大していく予定だ。

　「以前は留学生の約8割が、日本語能力が高い中国・韓国人学生でしたが、英語による学位コースの導入で、より広範な国の留学生を、受け入れられるようになりました。彼らとの交流を通して、異なる文化や考えにふれ、英語でディスカッションをする機会が増えるなど、日本人学生にとってもプラスとなる環境が生まれ

「MEIJI 8000」で、グローバル化牽引型のスーパーグローバル大学に採択

ていると思います」(勝教授)

　この数年で、明治大学の海外協定校は、70校から250校に急増。学生や教員が往来し、多彩な共同プロジェクトが活発に展開する。また教員の公募では、海外の大学の学位取得者が数多く採用され、外国人教員数も約1割に。日本人教員が海外の大学で教える機会も広がるなど、グローバル戦略の歯車は、勢いよく回り続けている。

大学におけるグローバル化とは
教育と研究の高度化に他ならない

　2012年、明治大学は、「グローバル人材育成推進事業(タイプB：特色型)」と、「大学の世界展開力強化事業(ASEAN対象プログラム)」の、2つの大型事業(Good Practice: GP)を獲得した。

　うち、「グローバル人材育成推進事業」は、政治経済学部の取り組みが中心。「世界の公共空間で活躍する強い個の育成」を掲げ、送り出し留学の強化、アカデミック英語のスキル向上、国際教養科目の拡充、カリキュラム改革などを推し進めている。TOEICスコア800以上の英語力を身につけた学生と、留学を経験する学生を、いずれも同学部の学生の10％以上にするという数値目標を掲げており、今後どのようにそれを達成していくかも注目される。

　「グローバル化は、大学の教育と研究の高度化に他ならない」と語る勝教授の言葉は、大学のグローバル化の本質と、明治大学の姿勢をよく表している。

　「日本の大学では長年、教員が一方的に講義をする

開学以来の伝統を生かした タフでしなやかな個の育成

授業形態が主流でした。しかし、留学で参加型授業を経験する学生が増えると、一方通行の授業では、もはや物足りない。授業を変革しようとする意識が学内に生まれ、教育が変わっていくのです。また、世界的な存在感を示す大学を目指すなら、研究力の強化は欠かせません。大学院生が早い段階から国際会議や学会に出席し、グローバルな環境で経験を積むといったことも、ますます重要になってくるでしょう」

大学のグローバル化は、単独では完結しえない。卒業生の就職先となる、企業との連携は不可欠だ。

「留学経験のある学生、英語が使える学生を採用する傾向は、グローバル企業を中心に高まっています。成績を重視する企業も増えてきています。企業や社会が変われば、大学も学生も変わるのです」

グローバル市場で戦う企業が求める、高い能力を備え、自ら正しく考え行動できる人材。明治大学はその要請に、開学以来の強みとも言える、「タフでしなやかな個の育成」で応えようとしていた。

取材協力 ● 勝　悦子／明治大学 副学長（国際交流担当）、政治経済学部 教授

08

大学のグローバル戦略③
今、英語教育に求められるもの

英語ができればグローバル人材というわけではない。それでも、英語教育は不可欠だ。
折しも高校までの英語指導は、コミュニケーションベースへと大きく舵を切っている。
大学の英語教育は、どう変わっていくのだろう。

英語教育はグローバル人材育成の基本
しかも英語ができれば就職にもプラス?

　日本全国の大学のウェブサイトや、大学案内をのぞいてみると、今やほとんどの大学が何らかの形で、グローバル化時代を念頭に置いた取り組みを行っている。

　海外活動や国際交流プログラムの充実ぶりは、「世界に開かれた大学」であることを高らかに宣言するかのようだ。短期長期の留学プログラム、留学生とともに学ぶ国際色豊かなキャンパス、そしてもちろん、手厚い外国語教育は基本中の基本。英語くらい話せたほうが就職に有利だという現実的な思惑もひっくるめ、とりあえず英語は必要だと大学も学生たちも考える。

　グローバル人材教育を使命とする大学では、英語教育への取り組みも半端ではない。英語で行う授業の必修化、ネイティブスピーカーの教員が待機する学習スペースの常設、オンライン英会話プログラムの導入、単位取得の対象となる留学や海外研修など、学生が実践的な英語力を身につける機会を、さまざまに広げている。

学部や目的によって細分化が進み
個性的な英語プログラムが続々登場

　立教大学では、およそ4700名の新入生全員に、最

「世界に開かれた大学」に求められる海外活動や英語教育の充実

初の1年間で英語の基礎運用力を身につけさせる仕組みをつくっている。しかも、原則8人という少人数クラスを「必要な数だけ」設置。「英語ディスカッション」のクラスだけで、実に週570コマもの授業を展開する。

この「英語ディスカッション」クラスが、また興味深い。会話に割って入るためのフレーズや、周りの注意を集め、自分の発言に耳を傾けさせるのに有効なフレーズをふんだんに教え、それを使ってディスカッションさせるのだ。

In my opinion ...
As someone said before ...
I see your point but ...

海外の大学に留学した日本人学生が、議論に入っていけない原因のひとつとして、発言のきっかけをうまくつかめないことが挙げられる。

そんなとき、難しい単語は知らなくても、半ば自動的に口から出るキーフレーズを身につけておけば、それだけで気持ちに余裕ができ、英語で話すハードルはグッと下がる。当然、発言のチャンスも大幅に増えるというわけだ。それが自信につながり、「立教の学生は物おじしない、どんどん英語を口にして授業に参加し、議論のリーダーシップをとる」と、留学先での評価はきわめて高い。

立教大だけではなく、他にも多くの大学が、個性的な英語のプログラムで成果を上げ始めている。理系学生対象の理系英語クラス、英語で行われる授業の前段階で受講するアカデミック英語プログラム、海外の研究者との共同論文執筆や国際会議参加を想定した、大学院生向けの英語研修——。学部、専門分野、個々の目的に応じた選択肢が、大学の英語プログラムならで

はの強みとなっている。

小中校の英語の授業が変わり始め
大学を交えた一貫教育の実現が急がれる

　ところで大学の教員養成課程に対しては、初等・中等教育の現場から、「小学校英語を教えられる先生、使える英語を教えられる先生を、もっと育ててほしい」との切実な声が寄せられている。

　小学校では、2011年度に「外国語活動」が必修化されてから4年が経った。現場の先生たちの試行錯誤の中で、小学校英語のあるべき方向は徐々に定まり、当初の混乱もだいぶ落ち着いてきたように見受けられる。しかし2020年には、中学年への外国語活動の導入、高学年での英語の教科化という、新たなチャレンジが待っている。

　「小学校での英語の教科化が、中学英語の前倒しにならないよう願っている」

　「小学校英語の楽しさを中学校でも引き継いで、そのうえで中学英語を積み重ねてほしい」

　先生たちからは、そんな声が聞こえてくる。

　一方、高校に加えて中学校でも、英語の授業は基本的に英語で行う方針が提案され、学習到達目標を「CAN-DOリスト」（P.126参照）で具体的に設定する取り組みも進んでいる。コミュニケーション重視の英語教育の実践に向け、教員のための研修も活発だ。

　東京都教育委員会では2014年度から、中学・高校の英語科教員を対象に、「外国語（英語）科教員海外派遣研修」を開始した。都内の公立中学・高校に勤務する英語科の若手教員を選抜し、なんと3カ月にもわ

使える英語が教えられる英語教師の育成を大学に期待

たって英語圏の国に派遣し、最新の英語教授法を学ばせる。2014年度の2度の研修には、合計140名の教員が参加した。

文部科学省が実施する「英語教育推進リーダー中央研修」は、さらに大量の教員研修を可能にしている。全国の小中高の先生たち年間500人が対象で、研修を受けた教員は「リーダー」として地元に戻り、地域の他の教員に研修を行って、学んだことを伝えていくのである。

小中高連携の動きを追い風に、コミュニケーションのための英語の教え方、日本語を使わない授業の進め方、最新の英語教授法などを会得した先生たちが、小学校にも中学、高校にも、着実に増えつつある。

日本の英語教育は、確かに変わり始めている。やがて入学してくる新しい英語教育を受けた学生たちを、大学はどう迎え入れ育てるのか。小中高に加え、大学まで一貫した英語教育の実現が急がれている。

参考文献　「小・中・高等学校を通じた英語教育強化事業」文部科学省
http://www.mext.go.jp/b_menu/shingi/chousa/shotou/102/102_1/shiryo/__icsFiles/afieldfile/2014/08/07/1350490_01_3.pdf

『The University Times』Vol. 35　公益財団法人日本英語検定協会＋ジャパンタイムズ／2014年10月

09

多様性の理解を促進させる
リベラルアーツ教育が熱い

国際基督教大学（ICU）や秋田の国際教養大学（AIU）を筆頭に、
近年、日本でもリベラルアーツ教育を打ち出す大学が複数出てきている。
グローバル時代に必要な「教養」について考えてみよう。

「深く狭く」の専門教育に対して
リベラルアーツは知的能力全般を開発

　リベラルアーツの起源は、古代ギリシャにまでさかのぼる。奴隷制度があった時代、奴隷でない人は「自由人」であり、「自由人」たる者が身につけておくべき教養を、「アルテス・リベラレス（自由の諸技術）」と呼んだ。それが、文法、修辞学、論理学（弁証法）、幾何学、算術、音楽、天文学という「自由7科」である。

　ひるがえって、現代の大学教育におけるリベラルアーツは、知的能力全般の開発を目指している。古代ギリシャの自由人ならぬ、「グローバル時代の大学生」のリベラルアーツは、基本的には、人文科学、自然科学、社会科学、そしてこれらを横断する学際的領域を含む。例えば、次のような分野だ。

【人文科学】　哲学、文学、歴史学、地理、心理学、
　　　　　　言語学、宗教学、音楽、教育学など
【自然科学】　物理学、数学、化学、生物学など
【社会科学】　法学、政治学、経済学、社会学など

　リベラルアーツでは、こうした分野を行き来して広く学び、思考力や判断力を育てていく。言いかえるなら、人がずっと学び続けるための土台が、リベラルアー

ツなのである。

リベラルアーツ教育に力を入れる大学が日本でも注目されている

　一方、近年、グローバル人材教育の一環として、リベラルアーツを打ち出す大学も少なくない。

　2004年開学の国際教養大学（AIU）は、その名のとおり、国際教養学部のみを置く大学である[1]。英語による少人数授業や、学生全員が留学を経験するといった特色で知られるが、目を引くのは就職率がほぼ100％であること。卒業生に対する企業の評価が非常に高いのだ。

　「それは企業が求めるグローバル人材として、AIUの学生が期待されているからでしょう」

　2011年から14年8月まで、同学の理事兼副学長を務めたマーク・ウィリアムズ博士がそう言うように、AIUはその「国際教養 International Liberal Arts」教育を、「グローバル社会で活躍するのに必要な、多様な能力を持った人間を創造するための全人教育」と定義。①学びや経験を通した知識と理解の広がり、②問題解決のためのスキル、③新たな探究心や創造的な思考力の獲得、を目標に掲げる。

　「現代のリベラルアーツはアメリカ発祥ですが、私の母国のイギリスでも、ここ5年ほどの間に、ニュー・カレッジ・オブ・ザ・ヒューマニティーズのように、リベラルアーツを打ち出す新しいエリート校ができ、ロンドン大学などの名門も、リベラルアーツの学位課程を置くようになってきています。専門分野一辺倒では通用しないと考えているのです。

リベラルアーツは思考力や判断力を育て人が学び続ける土台となる

国際教養とは、学問の基礎に加えて、人類の文化的足跡や、今の地球全体の問題に関する造詣を広く網羅するものだと私は思います。国際教養が身についていなければ、グローバル社会を構成する多様な人々と、互角に議論もできませんし、活躍の機会も狭まってしまうでしょう。イギリスも日本もそのことに気がついて、リベラルアーツの良い点を、再認識しているところなのではないでしょうか」(ウィリアムズ博士)

世界と対話し考えるための「教養」を
グローバル時代を生きる誰もが身につけたい

　リベラルアーツ的な学びを、私たちも取り入れてみよう。書籍、インターネット、大学のオープン講座やMOOC (大規模公開オンライン講座／次項参照) など、学ぶ機会は無限だ。

●これがグローバル人材の〈教養〉だ!

　ウィリアムズ博士や、本書で取材をした識者の話を総合すると、グローバル時代に身につけておきたい教養とは何かが見えてくる。

① 人間の思想の土壌を形成する、世界の「宗教」や「哲学」に関する知識 (多様性の発生を理解するうえでも役立つ)

② 文化の土壌と関わりの深い、古典を中心とする「文学」や「芸術」全般にわたる知識

③ 人類が共有する「歴史」と、「地理」や「地政学」の知識

④ 現在と未来に関わるさまざまな「グローバルイシュー」、及び「経済学」「国際法」「国際政治」などの概要

多様性に対する寛容と謙虚さを広く学ぶことで獲得する

> ⑤ 意見交換のツールとしての、実践的な「語学」と「コミュニケーションスキル」
> ⑥「日本」に関する政治、行政、歴史、文化芸術、宗教、伝統などの知識

　広範囲にまたがるリベラルアーツ的な学びは、「世の中には自分が知らないことが、いくらでもある」と教え、自他の違いや、多様性が生まれる理由についてまでも、考えさせてくれる。だから私たちは多様性に対して寛容になれるし、謙虚さを失わずにいられるのだ。グローバル人材育成における、リベラルアーツ教育最大の意義は、その点にこそあるのではないだろうか。

取材協力 ● マーク・ウィリアムズ／国際教養大学 元理事兼副学長

1）ほかに専門職大学院として、グローバル・コミュニケーション実践研究科を持つ。

10.
高等教育に変革を起こす無料オンライン講座「MOOC」

大学の授業をインターネットで無償公開するサービス「MOOC（ムーク）」。
日本を含む全世界で2000万人ともいわれる受講者を集めているのはなぜか。
情報技術で国境を越える新しい時代のグローバル教育が始まっている。

大学講義をネットで無料公開
生涯学習時代の新しい教育システム

「脳と創造性」（茂木健一郎）
「東日本大震災を科学する」（東北大学／今村文彦 他）
「ポップパワー」（慶應義塾大学／中村伊知哉）
　大学講義の無料配信サイト「gacco（ガッコ）」のトップページには、思わずクリックしたくなる面白そうなタイトルがずらりと並ぶ。2015年3月現在、開講中の講座は18を数え、準備中が4講座、すでに終了したものを合わせると全部で42の講座が登録されている。これらを自由に受講できる登録会員数は、2014年2月の受講者募集開始から2015年1月までの11カ月間で10万人を突破した。この時点で、のべ受講登録者数は約22万人に達したという。

　NTTドコモとNTTナレッジ・スクウェアが共同で運営するgaccoは、放送大学の「OUJ MOOC」、ネットラーニング社の「OpenLearning, Japan」と並び、日本オープンオンライン教育推進協議会（JMOOC）が公認する大規模公開オンライン講座、いわゆる日本版MOOC（Massive Open Online Courses: ムーク）のひとつである。2014年4月開講の東京大学・本郷和人教授による「日本中世の自由と平等」を皮切りに、

教養、ビジネス、科学、芸術などの幅広い分野で「大学教授陣による本格的な講義を、誰でも無料で受けられるウェブサービス」として提供している。

講義は視聴しやすいよう10分程度の短い動画で構成され、これを毎週数本ずつ、4週程度にわたって受講する。オンデマンド方式だから、いつでもどこでも、インターネットに接続可能なパソコンやスマートフォン、タブレットがあればアクセスできる。動画の授業を踏まえ、電子掲示板を使った受講者同士のディスカッションや講師への質疑応答機能もあり、レポート課題などをこなしながら最終的に所定の評価に達すれば、修了証が授与される。すべての講義が無料だが、「反転学習（Flipped Learning）コース」と呼ばれる対面授業を組み込んだプログラムは有料となる。gacco以外の配信サービスも、受講スタイルはほぼ同じだ。

---

gacco
【運営主体】株式会社NTTドコモ／NTTナレッジ・スクウェア株式会社
【開講中の講座】慶應義塾大学、東京大学などから18講座
http://gacco.org/

OpenLearning, Japan
【運営主体】株式会社ネットラーニング
【開講中の講座】東海大学、早稲田大学などから8講座
https://open.netlearning.co.jp/

OUJ MOOC
【運営主体】放送大学学園
【開講中の講座】「Nihongo Starter the CLASS 5」
http://dev.chilos.jp/

（2015年3月末現在）

JMOOC事務局次長で東京大学大学院情報学環教授の山内祐平氏によれば、公開第1弾となった本郷教授の講座は約2万人の受講者を集め、その男女比は7対

大学と社会の溝を埋めるツール
MOOC——大規模公開オンライン講座

ICTによる「オープン化」高等教育のあり方を変革する

3、現職社会人が半数を占め、残りは退職社会人と中高大学生が半々ずつ、平均年齢は46歳だったという。「手応えは十分」としたうえで、山内教授はこう話す。

「下は12歳から最高齢の83歳まで幅広いレンジの受講者が集まったのは、まさに思惑どおり。今や大学レベルの知を求めているのは、18歳人口だけではありません。大学と社会の溝を埋める新しいツールとして、このサービスが機能することを確信しました」

少子高齢化に喘ぐ大学にとって生涯学習事業が生命線のひとつになり得ることは以前から言われてきたが、それを支える学び直しのニーズもまた、格好の道具を得て顕在化したように見える。JMOOC理事長の白井克彦氏（放送大学学園理事長／早稲田大学前総長）は、2014年6月に開催されたNew Education Expo東京会場でのセミナーで次のように述べている。

「知識基盤社会においては、従来の学校制度の枠を超える広い意味での学習機会が欠かせない。情報技術の力によって大学教育を開放することもそのひとつ。そのために、誰もが一生を通じて学び続けることのできる社会全体の共通プラットフォームを創ることが、このプロジェクトの使命だと考えている。この仕組みには、多くの人の人生を変える可能性がある」

情報技術（ICT）で加速した
アメリカ発「大学開放」の世界的潮流

アメリカを震源地として、MOOCが世界中から注目を浴びたのは2012年のことである。その前年の秋、スタンフォード大学でコンピューターサイエンスを教えるセバスチャン・スラン教授らが「人工知能」に関する自身の講義をネットで公開し、約190カ国から16

万人を超える受講者を集めたのが事の発端だ。これを機に2012年1月、スラン教授らは大学講義を無料でオンライン配信する会社「Udacity（ユダシティ）」を設立。すると、同じくスタンフォードのダフニー・コラー教授らもオンライン講座で約20万人の受講者を獲得、運営会社「Coursera（コーセラ）」を4月に旗揚げ。さらに翌月、今度はマサチューセッツ工科大学（MIT）とハーバード大学が協力し、非営利組織「edX（エデックス）」でMOOCの運営に乗り出した。これらの無料配信サービスには自校だけでなく、米国内外から多くの大学や教授が講義を提供することになる。

以来、世界中で同様のMOOCがいっせいに動き出し、今では受講者総数も2000万人を超えると目される。その流れで日本でも2013年10月にJMOOCが発足し、産学が連携して普及を図る体制を整えた。

だが、MOOCの源流をたどれば、それは2001年にMITが発表したOCW（OpenCourseWare）構想にあり、大学の授業をネットで無償公開する動きが始動した。日本では2005年に複数の大学や企業が参画する日本オープンコースウェア・コンソーシアム（JOCW）が誕生し、世界的にもこれまでに数十カ国の300近い機関が2万科目以上を公開するなど、約10年をかけて「高等教育のオープン化」が世界の潮流となった背景がある。その下地があればこそのMOOC熱である。

世界中の人が時空を超えて学び合うグローバル教育の新しい形

では、なぜMOOCが今、これほど人気を博すのか。その理由について『ルポ MOOC革命――無料オンラ

イン授業の衝撃』(岩波書店)の著書がある朝日新聞記者の金成隆一氏は、「無料なのに①一流講義の動画が見放題、②宿題や試験もある、③水準に達すれば教授から修了証をもらえる、④受講生間で質疑や討論もできる」としたうえで、修了証は「正規の単位ではないが、就職活動では学習証明の一種として使われるようになっている」と記している(朝日新聞『GLOBE』2014年1月)。実際、学習履歴や成績をもとに受講生と企業をつなぐ、人材紹介ビジネスを展開するMOOCもある。

　進学先を決めるために、大学授業の「プレ体験」としてMOOCを活用する受講生もいる。edXが提供するMITの講座で抜群の成績を収めたモンゴルの高校生が、16歳にしてMITの入学審査に合格、晴れて正規の学生となった逸話は有名だ。MOOCはこれまで高等教育との接点が限られてきた世界中の有能な人材にも大きく門戸を開く。そのことはまた、大学や教員が世界中の目にさらされ、自らの教育の質を見直さざるを得なくなることも意味している。

　「受講者も内容や質で講座を選んでいるようだ」と前出の山内教授は言う。一流大学の、有名教授の授業だから人が集まるわけではない。学ぶ人が真に求める授業こそが高い評価を勝ち得ていく。それはもちろん、有名大学が配信する講座とは限らない。MOOCは当初、一部の名門校による「優秀な学生を"集客"するための経営戦略」と見る向きもあったが、すでにそうした思惑でコントロールできるほど受講生のコミュニティは小さくなく、特に数百万人もの受講生を集めてなお増殖するCourseraのような巨大MOOCにおいては、成否の鍵を握るのは受講生のニーズに他ならない。

学校主導から学習者主導の教育へ
学びのコミュニティが変えていく

I-2

　「これまで学校が主導権を握って提供してきた教育が、学習者主導へとシフトしつつある。MOOCがそれを浮き彫りにした」（山内教授）。アメリカでも日本でも、MOOCの受講者が自主的に集まる「Meetup（ミートアップ）」と呼ばれるオフ会が多くの講座に現れたり、オンラインディスカッションを通じて受講者同士が教え合う動きが見られたりすることからもそれはわかる。長らく教室の中に閉じ込められてきた知識伝達型の教育が、時間と場所の壁を越え、世界中の仲間を結んで学び合う協調学習型の教育へと変わる。これもまさにグローバル教育のひとつの形であり、情報技術による「オープン教育」の利点はそこにある。

　だとすると、次の時代の高等教育に求められるものは何か。山内教授はこう話している。

　「単に知識を得るだけならオンライン学習でいい。大学はそこに付加価値を与えるため、例えば問題解決の手法やアクティブラーニングを取り入れた対面式の授業を組み合わせて提供するなど、より高度化した教育のあり方を工夫していく必要があるでしょう」

　すでにその試みは日本のMOOCで始まっている。冒頭で挙げた「反転学習コース」がそれで、オンラインでの学習を「予習」と位置づけ、応用力が求められる教育を対面のスクーリングで補う「世界初のサービス」（山内教授）として注目されている。

取材協力 ● 山内祐平／東京大学大学院情報学環 教授、日本オープンオンライン教育推進協議会 事務局次長　http://www.jmooc.jp/

参考文献　『MOOC—大学の革命—』　山内祐平、重田勝介、風間正弘、八木玲子／日経BP社／2013年

Column ❷ 海外レポート 香港

香港科技大で見た
グローバル大学の実像

by 山本　南
やまもと・みなみ／上智大学経済学部経営学科卒業。2014年に香港科技大学に留学。経営学を専攻し、組織行動論や組織的意思決定論、国際経営論などの組織論をダイバーシティに主眼を置いて学ぶ。

香港科技大学──
「多様性」と「差」の異空間

　眼下には美しい南シナ海が広がり、エントランスには背の高いヤシの木が立ち並ぶ、まるでリゾート地のような恵まれた環境。香港科技大学（Hong Kong University of Science and Technology: HKUST）は、アジア屈指の金融都市・香港の躍動感と多様性（ダイバーシティ）を存分に享受することができる教育機関である。

　キャンパスに一歩足を踏み入れれば、英語、中国語をはじめ、ヒンドゥー語、インドネシア語など、多国籍の学生による多言語の会話が猛烈な勢いで飛び交う異空間が広がる。24時間いつでも開放されている図書館は常に満席状態で、黙々とレポート作成に取り組む学生や、ディスカッションを交わす学生たちであふれている。

　香港科技大学のハイレベルなグローバル環境下で学んだ筆者の約10カ月間は、想像を超えた「多様性」と「差」を意識することの連続であった。他国の、特にアジアの学生と自分を比べたときの、知識の深さ、幅広さの歴然とした差、そして何より圧倒的な発信力、力強さの差を深く体感させてくれた。

　留学の主な目的は、「グローバル社会に貢献できる人材としての強固な基盤づくり」。留学経験を通して、多様性を理解し、受容できるコミュニケーション能力を培いたいと考えた。その結果、アジア経済の主要拠点であり、アジアと欧米の文化が融合する場所でもある香港は、グローバル感覚を養う環境として最適だった。また、これからのライフキャリアを見据えた、より高い水準の語学力（英語、中国語）を習得するためにも適地であるように思えた。

HKUSTのエントランスに構える巨大な日時計。1991年建学の新設大学ながら、QS University Rankings: Asia 2014で5位にランクされる名門に。

アメリカ型の教育で
グローバル人材を育成

　香港科技大学は、香港大学、香港中文大学とともに「香港3大学」の一角に位置する、1991年設立の比較的新しい大学である。それゆえに、新しいシステムや授業形態の導入に非常に積極的だ。3大学の特色はそれぞれに異なり、香港科技大学人文学部のMay-yi Shaw教授によれば、以下のように分類されるという。

　　　香港大学：イギリス型／香港中文大学：中国型／香港科技大学：アメリカ型

　イギリス型は、クラス活動において必要以上に「授業への貢献」が求められることはないものの、課題の量は多く、特にレポートを通して自己の見解をアウトプットすることが必須。その根底には、「学生の学びのスタイルは自由であるべき」との考えがある。中国型には日本の大学との共通点が多く、講義形式によるインプット重視の授業が目立つ。

　これらに対してアメリカ型は、学生は大学にリードされて学業に専念すべきであるという考え。膨大な課題の提出ノルマがあり、クラスへの参加度も成績評価に大きく影響する。アメリカ型ではインプットとアウトプットをバランスよく織り込んだ教育が行われるため、グローバルに通用する思考スキルが養われる。香港科技大学では競争力を高めるため、イギリス文化の根強い香港であえてアメリカ型の教育方法を導入したのだという。「授業」「学生・教員」「キャリア」の3つの観点から、その特長を見ていこう。

I-2　日本の教育の課題　　99

教室ではアメリカ方式のインタラクティブな授業が展開。グローバルに生きるうえで欠かせない、異なる意見をまとめ上げていく調整力やプレゼンテーションスキルが身につく。

インタラクティブな授業
グループワークの洗礼

　香港科技大学におけるアメリカ型授業の特徴とは、ずばり「インタラクティブ」であること。プロジェクト型グループワークの多さは圧巻であり、座学が主流の日本の大学とは大きく異なる。実際、筆者の経験でも数えきれないほどのグループワークを通じて、「多様性を理解し、受容できるコミュニケーション能力の必要性」を痛感することの連続であった。

　例えば、International Managementのプロジェクトには、インド、チリ、アメリカ、ポルトガル、香港の学生、及び日本人による多様なメンバーが参加し、意見の出し方や意思決定方法の違いはもちろんのこと、モチベーションの温度差による問題も頻繁に生じ、ダイバーシティ・マネジメントの難しさを肌で感じられる授業が展開する。そうした問題解決の過程においては学生たちは、異なる意見をまとめて結論に導く方法や、妥協点を見いだす重要性を学んでいく。1学期で8回に及ぶプロジェクト・プレゼンテーションの経験で、半ば強制的に発信力が強化されるのである。

知的好奇心あふれる学生
世界から集う多様な指導者

　香港科技大学には、東南アジアや中国本土からも多くの学生がやってくる。その理由は大きく挙げて3つ。①アジア随一の金融都市である香港の魅力、②将来を見据えたキャリア形成を可能にする多くの外資系企業の存在、③企業からの高評価、優良企業への就職率の高さ、である。

　そうした学生たちの学習意欲は総じて高く、知的好奇心も旺盛である。例

えば、「アベノミクスについて、あなたはどんな意見を持っているの?」など と日本の政治や経済、文化、歴史について質問されることもしばしばで、彼らの関心の高さと幅広さに驚かされる。

その知的好奇心は、特にNegotiationの授業で発揮される。異文化圏におけるクライアント交渉のケーススタディを実践するのだが、スピード感のある対応や頭の回転の速さに加え、豊富な知識も必須であるため、ロジカルな思考力や高い語学力を備えていても対等に発言できるとは限らない。英語を母語とする学生との交渉は何よりハードで、特にアメリカの学生はロジカルかつ的確なアウトプットで攻撃してくる。英語のノンネイティブであることの「差」を強く意識させられた場であった。

一方、インタラクティブなクラスを指導する教授陣にも、個性的な人材が多いのがこの大学の大きな魅力だ。前出のMay-yi Shaw教授はこう話す。

「ほぼすべての教授が欧米で教育を受けており、アジア人でありながら思考スタイルは欧米といったハイブリッドな教授が多いのです。また、アジアでもトップクラスの待遇で、質の高い人材を確保していることも特徴のひとつ。教授陣の大半が海外からの招聘です」

教授陣のダイバーシティも、日本の大学と大きく異なる点のひとつ。異文化圏で渡り合える視点と思考力を養うためには、この多様性のもとでの教育が不可欠だと言える。

香港の熾烈な就職戦線
キャリアを拓く力も国際級

香港の学生の就職戦線は、ある意味で日本よりも熾烈かもしれない。香港の企業では、徹底して大学の成績(GPA)を重視する。それを考えれば、学生

たちの猛烈な勉強姿勢にも納得がいく。香港科技大学の卒業生の大半が、香港で就職する。特に海外からの学生には、格段に高い給与が魅力的。言語のハンデを成績で補おうとする留学生も多く、現地の学生に負けず劣らず勤勉だ。

香港の転職サイクルは、従来は5年スパンだったものが、今日では3年といわれている。多くの人々にとって会社は踏台であり、忠誠心はあまりなく、徹底して「スピード感のある自己成長」を求める傾向にある。香港ならではの躍動感は、働く人々のアグレッシブさとスピード感から生まれている——それが、学生たちの高邁な目標設定とキャリア像に大きく影響している。

グローバル教育を生み出す
ダイバーシティキャンパス

香港という土地柄のためか、筆者自身は留学中に「外国人である自分」を意識することはほとんどなかった。おそらくその感覚は、他の国や地域から来た学生も同じに違いない。あらゆる場面で大学全体がダイバーシティに包まれていること、それこそが日本の大学と圧倒的に異なる点に違いない。

将来、筆者は日本のものづくり技術を海外に発信する職務に就きたいと考えている。そのために、グローバルマーケットで競争力のある日本の技術や製品を発信する際、その付加価値となるようなきめ細やかなコミュニケーションを展開できる能力を養いたい。 日本からわずか4時間の距離にありながら、徹底したグローバルスタンダードの教育システムを導入している香港科技大学での留学生活は、その土台となる世界共通の「ユニバーサルな思考力」という名のOSをインストールしてくれた。どう使いこなすかは、どんなアプリケーションを自分自身が展開するかにかかっている。 Big thanks to HKUST!

I-3
語学教育と大学入試

Contents

01 英語教育改革の実効性
　　真の成果をもたらすために　　104
02 小学校英語のゆくえ
　　賛否を超えて意識すべきこと　　108
03 幼稚園に見る
　　未就学児からの英語教育　　112
04 大学入試の英語が変われば
　　中学・高校の英語も変わる　　116
05 教育改革に拍車をかける
　　「英語4技能試験」の活用　　120
06 CAN-DOリストとCEFR
　　生涯学習時代の語学支援ツール　　126
07 「CAN-DO」による
　　新しい日本語教育　　132

Column 3　下村文部科学大臣インタビュー　　136

01.

英語教育改革の実効性
真の成果をもたらすために

古くは1970年代の「英語教育大論争（平泉渡部論争）」がそうであったように
長く終わりなく続くように見えた日本の英語教育をめぐる議論が、いよいよ、
その真価を問われる時期を迎えた。確実に成果を上げるために、今何が必要なのか。

議論に議論を重ねた英語教育の方向性
その成果が問われる最終局面に

——経済・社会等のグローバル化が進展する中、子ども達が21世紀を生き抜くためには、国際的共通語となっている「英語」のコミュニケーション能力を身に付けることが必要であり……（後略）

文部科学省が2002年7月に策定した「『英語が使える日本人』の育成のための戦略構想」に添えられた「趣旨」の書き出しである。それから13年を経た今でも似たような文脈で英語教育の必要性が声高に語られ、その方策をめぐる議論が続いている。2011年6月には「外国語能力の向上に関する検討会」が「国際共通語としての英語力向上のための5つの提言と具体的施策」をまとめ、2013年12月に「グローバル化に対応した英語教育改革実施計画」が発表されると、これを受けて組織された「英語教育の在り方に関する有識者会議」が2014年9月に「グローバル化に対応した英語教育改革の5つの提言」を報告した。

さらに現在、これらを踏まえて中央教育審議会が学習指導要領の全面改訂を検討中で、2018年度から段階的に新要領に基づく指導を実施し、東京オリンピック・パラリンピック開催で外国語学習熱が高まるであろう2020年度からの全面実施に移る、という筋書きだ。

今度こそ変わるか
注目を集める英語教育改革の実効性

　英語に関する学習指導要領の主な改訂内容は、現在は小学校5・6年生で行われる週1コマの「外国語活動」が3・4年生にスライドし、5・6年生では「教科」として週3コマ程度に拡充。また、中学校では現在の高校と同様に「英語で授業を行う」ことが基本となり、高校では英語で討論や発表ができるよう「言語活動を高度化」するというものだ。

　まさに20年越しの英語教育改革、いや何十年も前の高度経済成長期から綿々と続く改革論議の末に、日本人の英語力はどう変わるのか、本当に変わるのか、教育の何を変えるのか——。「今度ばかりは変わらざるを得ない」、そんな声も方々から聞こえてくるが、その問いに明確に答えられる人はほとんどいない。この状況下で、教育現場に混乱はないのだろうか。

　「先生たちはもう、戸惑い慣れてしまっていますよ。議論は過熱するものの、肝心の改革策は遅々として成果を上げていないのだから」。そう語るのは、東京学芸大学名誉教授で『高校英語授業を変える!』(アルク)などの著書がある金谷憲氏である。

　確かに、前述の「国際共通語としての英語力向上のための5つの提言と具体的施策」では、①生徒に求められる英語力は「中学校卒業段階で英検3級程度以上、高校卒業段階で英検準2級～2級程度以上」、②英語教員に求められる英語力は少なくとも「英検準1級、TOEFL (iBT) 80点、TOEIC 730点程度以上」などと2016年度までの到達目標が設定されているが、これは13年前とまったく同じである。また実態としても、文科省が公表している最新の調査結果(平成25年度英語教育実施状況調査)を見る限り、①の達成率は中高それぞれ約3割、②は中学校で3割未満、高校で

I-3　語学教育と大学入試

約5割、これらの試験の受験経験でさえ中高ともに75％前後に留まっている。

現場を動かす「体制整備」の重要性
授業の総量と密度、研修に重きを置いて

　教育改革の成果は一朝一夕で見えてくるものではないにしろ、実効性に欠ける印象が否めないのはなぜか。金谷教授は「個々の教員や自治体に温度差があるのは確か」としながらも、致し方ない事情を指摘する。

　「クラスの人数や教員数、授業時間、こういった物理的な条件は変えずに、教育だけを変えろと言われても無理があります。中身を大きくするなら、その器も大きくする必要がある。現状、公立中学校の英語の授業は週に4コマ、私立では6コマほどですが、いろいろな学校行事の影響もあるので、実質的にはその7掛けくらいでしょう。この程度の密度では身につかないのはむしろ当たり前、せっかく覚えたことも次の授業までに忘れてしまいますよ。改革案や到達目標はよしとしても、それを実行するための体制、制度が整っていない。これは現場ではなく政策の問題です」

　改革を実効性あるものにするには、授業時間の総量と集中度をまず改善すべきだと、金谷教授は強調する。スキルトレーニングの側面が強い語学の上達には、学習の絶対量がものを言う。しかも、ある時期に集中的に訓練を積んでこそ高い効果が得られるという考えだ。しかし、他の教科も含めたカリキュラムの総量は法的に決められているので、どれかを増やせばどこかで削る必要があり、ひと筋縄で決着する話ではない。

　では、勉強を始める時期を早めるしかないとばかり

急がれる英語教育の体制整備
教員の養成と研修に見直しを

に小学校英語がスタートしたが、「少しだけ増やして薄っぺらく引き伸ばしたところで効果は疑問。どうせ増やすなら中学校に厚みをもたせたほうが期待できる」と金谷教授は手厳しい。

「文法中心の中学校英語が英語嫌いを生むという紋切り型の批判がいまだにありますが、文法から始めることの何が悪いのか。文法を知らずにコミュニケーション能力が身につくとは思えないし、文章を組み立てる力もないのに論理的思考力など期待すべくもない。ましてや、文法かコミュニケーションかという二者択一的な問題でもありません。英語が使えるだけではグローバル人材とは呼べない、という説もよく耳にします。しかし、英語力がなければ何も始まらないのですから、小難しい議論を重ねる時間があるなら、一刻も早く体制整備を進めてほしいと申し上げたいのです」

その体制整備の最たる課題のひとつが、教員の養成と研修である。教員養成大学を除き、教職課程を持つ大学を経て英語教員になる場合、教授法、つまり教え方の教育はわずか2単位15コマしか受けない。

「これで英語を使って英語を教えるのは、まず不可能。教員になってからの研修も制度としてはありますが、教科以外の課題もあれこれあって中途半端にならざるを得ない。プロはプロらしく、継続的に訓練を積む場が必要です」

そうして小学校にも同様にプロの英語教員が生まれてこそ、よく言われる「小中高の連携」が実効性を持つようになるのだろう。

取材協力 ● 金谷　憲／東京学芸大学 名誉教授

02

小学校英語のゆくえ
賛否を超えて意識すべきこと

「外国語活動」と呼ばれ、「教科」とは区別して扱われている小学校の英語。その教育は何を目的にどこを目指しているのか。教科化への動きが加速する今、改めて小学校英語の趣旨に目を向け、意識すべきことを考えてみたい。

日本人の英語力を底上げするために「使いたい」と思える態度の育成を

　朝日新聞は2015年元日付の朝刊で、入試科目に英語を取り入れる私立中学校が増えていると報道した。「15年の一般入試の科目に英語がある首都圏の私立中は32校。このうち15年から取り入れる学校が13校」（首都圏模試センター調べ）に上るという。前項でもふれたように、文部科学省は小学5年生で始まる英語「活動」を3年生スタートに早め、高学年では「教科」として授業時間を増やす方針を打ち出しており、中学校や受験産業がその影響を受けていることは明らかだ。同様の報道は他紙誌にも見られ、「グローバル人材育成のために導入した」「歓迎する」などといった中学校や保護者の声が紹介される一方、入試で読解力や文法などの知識が問われるとすれば「小学校英語の趣旨に反する」「大学入試の二の舞」とする識者の意見もあり、賛否両論が交錯する様相である。

　小学校英語の是非をめぐる議論は十数年も前から果てしなく続いてきた。今でも「小学校英語　賛否」などとネットで検索すれば、夥しい数の情報がヒットする。「英語力より先に国語力を」「必要な人だけが学べばよい」「受験英語の改善が先決」「必修化はいいが教

後戻りできない小学校英語
必修化、そして教科化への展開

科化は疑問」「活動程度では使えるようにならない」等々、批判的な声は枚挙にいとまがない。

だが、すでに必修化されている以上、教育現場に後戻りは許されない。賛否はどうあれ、子どもたちの英語力を底上げするために今、教師や保護者に何が求められているのかを、改めて認識しておくべきだろう。

まず、小学校の英語が「活動」から始まる意味は何か。小学校英語指導者認定協議会（J-SHINE）の理事を務め、小学校英語の動向に詳しい上智大学言語教育研究センターの藤田保教授に話を聞いた。

「小学校で行われている外国語活動の目的は、中学・高校とは違い、単語、発音、文法、表現といった知識や技能を身につけることではありません。それ以前の、外国語を使ってみようとする態度を養うことがねらいです。普段は日本語しか使わない生活をしている子どもたちが、新しい言葉や文化にふれたらきっと視野が開けますよね。比べられるものがあって初めて、自分の言葉や文化というものにも意識が向く。そうした効果にも期待して、まずは外国語にふれてみる、体験してみることから始めましょう、という趣旨です」

知識や技能を習得する「教科」に対して、態度や意識を養う「活動」。では、なぜ小学校ではこれらを分断する必要があったのか。藤田教授の話は続く。

「英語は苦手だと公言する日本人は多いですね。ほとんどの大人がそうだと言ってもいい。でも、本当に苦手なのでしょうか。中学・高校を通じてわれわれの頭に詰め込まれる英語の知識は膨大なものです。忘れた、不得意だと言っても、基本的な単語や数字の数え方、簡単な文の作り方ぐらいは覚えているはず。他の

外国語に比べたら、圧倒的に知識の量は多いのです。

　にもかかわらず苦手意識が先に立つのは、その知識を使って話してみよう、相手の言うことを理解したい、という気持ちに欠けるからではないですか。心の中に勝手に高いバリアを築いている。だからこそ、知識や技能を習う前にその壁を取り払い、心を開く態度を身につけさせたい。これが教科との一番の違いです」

大人の意識改革と教員確保が急務
民間活力も最大限に活用したい

　「積極的にコミュニケーションを図ろうとする態度の育成」――。小中高の学習指導要領には共通して、外国語を学ぶ目標としてこの文言が用いられている。その意味では、活動であれ教科であれ目指すところに大きな差はない。間違いなどお構いなしに英語を口にすることに慣れた小学生が、そのマインドセットを素地として、やがて中学校では単語や文法を実際に使いながら体で覚え、高校生になるとそれらの知識や技能を総動員してコミュニケーションを実践することが可能になる、というシナリオである。

　また、外国語に限らず、学習指導要領はすべての教科において「言語力」を養うことを求めている。よく言われるように、言葉を理解し表現する力はすべての学習の土台であり、日本人は特に近年その不足が指摘されているからだ。教科の枠を越えて、多方面から子どもたちの言語力を引き伸ばす必要がある。つまり、外国語と国語の学習も拮抗しない。

　さて、そうした方針を前提として受け入れたとき、なお意識すべき課題は何か。藤田教授は２点を挙げる。

オールジャパンの力で実現する
コミュニケーション能力を高める教育への転換

① 教員・保護者など大人たちの意識改革
　自分たちが受けてきた英語教育のイメージに縛られ、子どもたちに「知識や技能としての英語」だけを押しつけないよう意識を改める。
② 教員の英語力・教える力のレベルアップ
　臆せず英語を話すようになる生徒に対して、教員の表現力が劣るような事態は避けたい。また、知識を与えるよりも力を引き出す教育、英語で英語を教えるスキルなど、従来になかったような力が求められる。

　文科省の計画では2020年には中学校でも英語で英語の授業を行うことが基本となるため、今からその準備をしておく必要がある。しかしもっと深刻なのは、小学校の人材不足だろう。担任教員に対する研修はもちろん、特別免許状を活用した専科教員の登用、外国語指導助手（ALT）の拡充、中学校からの教員派遣などいくつかの対策が講じられているが、公立だけでも全国に2万2000校を数える小学校のすべてを賄うのは難しい。外部の地域人材の活用にも期待がかかる。
　まさにそうしたニーズも見越して2003年に発足したのが、J-SHINEである。人材不足に悩む教育現場に良質な指導者を安定供給することを目的に、民間プログラムに対する認定事業などを進めてきた。その認定資格者は現在4万人に達するという。
　「そうした有意の民間人も最大限に活用して、オールジャパンの体制で日本の英語教育改革を前に進めなければなりません」

取材協力 ● 藤田　保／上智大学言語教育研究センター 教授

03.

幼稚園に見る
未就学児からの英語教育

子どもたちが成長に合わせて無理なく自然に、自ら知識や言葉を学び取っていく。
そんな教育方法を英語学習にも生かして成果を上げてきた幼稚園がある。
言葉はそもそも生きるために覚えるもの。その基本が実践されていた。

「幼児英語」で20年の足跡
日本のことを英語で世界に伝える力を育てる

　東京郊外、立川市。広々と抜けるような空が映える住宅地の一角に、その不思議な形をした幼稚園が姿を現した。まるい園庭を取り囲むドーナツ状の1階建て園舎。その屋上は全面ウッドデッキ仕様の遊び場で、ぐるぐると走り回る子どもたちの歓声がよく響く。

　ここは「ふじようちえん」。アートディレクターの佐藤可士和氏と、建築家の手塚貴晴・由比夫妻が手がけた園舎で話題となったが、「モンテッソーリ教育」と呼ばれる子どもの自主性を重んじる教育法や、幼児期からの英語教育でもよく知られている。砂場や水場、果物の木に野菜畑、ポニーまでいる愉快な敷地を抜けてガラス張りの「ツリーハウス」を訪ねれば、この日もネイティブスピーカーの教師と幼い子どもたちが、当たり前のように英語で言葉を交わしていた。

　「小学校の先生方もよく見学に来られるのですが、その先生よりも、うちの園児たちのほうがきれいな英語を話すのを見て、みなさん驚いて帰られますね」

　そう話すのは、理事長・園長の加藤積一氏と副園長の加藤久美子氏。子どもたちの未来を考えたとき、早い段階で環境づくりをして、世界の人たちと自由にコ

ミュニケーションがとれるようにしてあげたいと、約20年前に英語教育を始めたという。

「日本のことを、英語できちんと伝えられる日本人に育ってほしいと思ったのです。英語よりも日本語優先という意見もありますが、日本語で歴史や文化を学び、英語でそれを表現する、この2つは切り離せない関係にあり、同時にしてこそ意味があると考えています。英語の『絶対音感』のようなものを獲得できるのは5歳まで、という説もありますしね」（積一さん）

「この近くには米軍の横田基地があって、そこから通ってくるネイティブのお子さんがたくさんいますし、その保護者の方も日本のことを知りたがっています。そうした中で、共通の言葉で伝えあい、刺激しあえる環境をつくりたいと考えました」（久美子さん）

わずか2カ月で英語を話し始める4歳児
赤ちゃんが言葉を覚えるように英語を習得

ふじようちえんの英語プログラムは2種類ある。

ひとつは通常保育に組み込まれた「Vantage Club」。「英語を楽しむ、好きになる」ことを目的に全員参加で週1回、年少クラス（3・4歳）は30分、年長クラス（5歳）は60分、外国人教師と楽しくふれあう。

しかし、これだけでは英語でコミュニケーションがとれるまでには至らない。そこで5年前から始めたのが、希望者登録制で毎日レッスンを受ける「英語コース」だ。40分と80分の2つのクラスに分かれ、4歳児と5歳児のほぼ半数に当たる266人の園児が学ぶ。ここでは「GrapeSEED」と呼ばれるプログラムを採用し、「継続して学ぶ」「家庭でも学ぶ」ことを重視するため、卒園後もそのまま通ってくる小学生が242人

早い時期から始める環境づくり
世界中の人と言葉を交わす日のために

を数えるという。中には中学生になっても続けたいと言う子がいる。

　GrapeSEEDは、4〜12歳の子ども向けに、仙台市の宮城明泉学園での取り組みをもとに開発された第二言語（英語）教育メソッドで、幼児が母語を覚えるメカニズムに基づいてカリキュラムが組まれている。英語圏の日常会話でよく使われる言葉を選び出し、段階を追ってそれを身につけながら、聞く→話す→読む→書くの順で比重を移していく。4歳児の場合、まずは「聞く」から入り、母親が子どもにそうするように、ネイティブの教師が普段の言葉を使ってひたすら話しかける。

　「そうすると、4月に始めた園児たちが、夏前にはもう英語を話し出しています。毎日、家でも欠かさず英語を聞いて、習慣化するのがいいのでしょう。ただ、お母さんは英語を口にせず、ネイティブ英語で録音されたCDを使うことがポイントです」（久美子さん）

　試験にパスするために勉強する英語ではなく、ただ生活するために必要な言葉がそこにある。だから、子どもたちは「楽しみながら、自然に英語を話せるようになってしまう」（積一さん）のだ。

日常生活の中に教育を取り入れ「生きるための英語」を学ぶ

　もうひとつの特色であるモンテッソーリ教育は44年前、開園2年目に導入した。積一さんが説明する。

　「これは100年ほど前にイタリアで生まれた教育法で、創始者はマリア・モンテッソーリ。イタリア初の女性医学博士です。精神科病院に勤めていた彼女は知的障

せざるを得ない状況をつくる

子どもたちが自主的に学び取るために

害を持つ子どもたちと接する中で、五感を刺激することを続けると明らかに知能が上向くことを発見したそうです。そこからやがて、生まれながらにして子どもに備わる『自ら育つ力』を引き出す教育方法を確立していきます。『1人でやりたい』『1人でできた』という、自立心と達成感を重んじる教育です」

　日常生活の中に教育を取り入れる、という発想もそのひとつ。例えば、ふじようちえんでは昔ながらの裸電球を照明に使う。ひもを引いて点けたり消したりすることで、リモコンやスイッチでは実感しづらい電気の仕組みにふれさせ、人がいなければ消すという行為を習慣化する。また、出入り口はすべて引き戸にして、すきま風は寒い→開けたら閉める、のように感覚から導く。トイレの床に足型シールが貼られているのは、そうすると脱いだスリッパをそろえたくなるからだ。

　どれも大人が命じるのではなく、子どもたちが自発的に「その行為をせざるを得なくなる状況」をつくり出している。そうした仕掛けが、園内の至るところにある。英語を含む言葉の教育もその一環。「この時期の子どもは、こうしたことに興味を示す」という計算されたねらいに基づき、「生きるための言葉」を一つひとつ、ごく自然に身につけてもらう。

　親も教師も口をそろえて「これからは英語力が必須」と言う。確かにそうだ。しかし、その本音の大部分は「進学や就職のため」ではないか。「それでは日本の英語教育は変わらない」と加藤夫妻は言う。「生きるための英語」をどう教えるか。大きな命題だ。

取材協力　● 学校法人みんなのひろば　藤幼稚園
　　　　　加藤積一／理事長・園長、加藤久美子／副園長　http://fujikids.jp/home/

I-3　語学教育と大学入試　　115

04

大学入試の英語が変われば
中学・高校の英語も変わる

大学入試の英語試験にTOEFLなど民間テストを導入する案が具体化しつつある。
知識ではなく運用力を、読解力だけでなく4技能をバランスよく測り、
大学のグローバル化や中高英語の改革にも資する仕組みづくりに期待がかかる。

大学入試に民間英語テストを導入
英語の実力は「4技能」で測りたい

　TOEFLで一定以上の成績に達することを、大学受験・卒業の要件とする――。自民党教育再生実行本部による提言が教育関係者を驚かせたのは、2013年4月のことだった。その後、政府もこれを支持したが、TOEFLは主に大学・大学院レベルの留学に求められる英語力測定試験であり、欧米文化・社会への理解を前提とするため「日本の高校生には難しすぎる」、また他にもそれぞれ特色ある複数の測定試験があり「TOEFLに絞るのは早計」などの批判が相次いだ。

　しかし、大学入試改革はグローバル人材育成に向けた重要課題のひとつ。大学入試センター試験に代わって2020年度から導入される「大学入学希望者学力評価テスト（仮称）」により、知識の量ではなく思考力や表現力が問われる入試への転換が期待される中、英語力についても、英語で考え、発信する力を含む総合力を判定する仕組みが求められている。このため、学識経験者や企業人からなる文部科学省の「英語教育の在り方に関する有識者会議」は2014年9月、「グローバル化に対応した英語教育改革の5つの提言」を発表し、そのひとつに「入学者選抜の改善」を挙げて、「4技能を測定する資格・検定試験の活用促進」を求めた。

大学入試改革は喫緊の課題
英語の4技能を総合的に測る問題へ

 こうした中、上智大学と英検協会（公益財団法人日本英語検定協会）は共同で、大学での学習・研究に必要な英語力を測定する「アカデミック英語能力判定試験（TEAP）」を開発、2014年度から公開試験を実施している。TEAPは大学入試での活用を前提に、高校の学習指導要領に基づき、読む・聞く・書く・話すの4技能をカバーする構成で開発された。その普及を目的に発足したTEAP連絡協議会には2015年2月現在で56大学が参加し、このうち上智大、立教大、関西大、立命館アジア太平洋大、中央大の5校がすでに2015年度入試からTEAPを導入している。

 そのひとつ、立教大では2016年度より、TEAPのほか、GTEC、TOEIC、TOEFL、IELTS、英検といった4技能型の英語資格・検定試験（次項参照）を活用した一般入試「グローバル方式」を全学部で導入することを決めた。入試出願の2年以内にいずれかのテストを受験し、成績が基準値に達していることが出願条件。入試当日は英語以外の2科目の筆記試験を受けるという。

リーディング偏重入試からの脱却で
コミュニケーション重視の中高英語に追い風を

 これまでの英語の入試問題ではなぜダメなのか。前述の「有識者会議」で座長を務め、TEAPの開発を牽引した上智大学言語教育研究センター長の吉田研作特任教授は、「最近の入試では単に知識だけを問う問題は減っている」としながらも、次のように説明する。

 「大学入試はいまだにリーディング偏重で、4技能を測る試験はほとんど見られません。センター試験に

I-3　語学教育と大学入試

はリスニングがありますが、その点数を評価に加えるかどうかは大学裁量に任されていて、実は採用されない場合が多いのです。大学英語は読解力さえあればいい、という発想がまだ根強く残っているのでしょうね」

　大学入試がそうであれば、当然、高校での受験対策、ひいては普段の授業もそれにならえで、リーディングに欠かせない文法と訳読を中心に教えざるを得ない。進学実績が死活問題に直結する私立校ではなおさらで、高校がそうなら中学も引きずられるという悪循環だ。高校英語の学習指導要領は現状でも「英語で授業を行う」ことを基本としており、「コミュニケーション能力を養う」ことを目標に掲げているが、その出口でこれを生かせないのでは元も子もない。

　「政府は今、グローバル人材育成の一環でさかんに高校留学を奨励していますが、せっかく海外で身につけたコミュニカティブな英語力も、訳読中心の大学入試では役立たないどころか不利に働くとあって、逆に留学に歯止めをかける一因となっています。また、大学入試は一発勝負でチャンスが限られるうえ、どこの大学でも入試問題を公開しますから毎年新しく作り直すことになり、そのため年度によって難易度や平均点が少しずつぶれるという不公平も生じます」

　したがって、4技能をバランスよく踏まえたコミュニケーション能力を測ることができ、なおかつ何度でも受験できて本来の実力を試すことができる、「標準化されたテスト」の導入が強く望まれるのだ。

　英検協会が2014年6月に公表した「大学入試に関する調査」の結果によれば、国公私立大学76校の入試関係者を含む100名に対して対面調査を行ったとこ

キャンパス国際化にも奏功するか 外部の資格・検定試験に期待

ろ、大学入学者選抜について「4技能を測定すべき」と回答した人は66％で、「外部の資格・検定試験を活用し、4技能を測定する試験に代替することは実現可能」とした人は53％だった。今後さらに議論が進むにつれ、まさに立教大が試みているような方式で「外部試験」を活用する例が増えていくのだろう。

だが、外部の資格・検定試験は難易度や構成、評点の仕方・表し方がまちまちであるため、「よく比較検討し、目的に応じて使い分けるべき」だと吉田教授は指摘する。そして、もうひとつ大事な観点がある。

「入口を作り替えるだけでは不十分。これを機に、キャンパス自体の国際化を進めることです。外国人留学生を増やし、日本人と外国人がともに学び合える場づくりを急ぐべきでしょう。そうすれば、学生たちが英語を使わざるを得ない環境が生まれ、教員もまたそれに参加し、英語を使うようになるからです」

本来ならば、教育の中身の改革がまず先にあり、それに見合った能力を持つ学生を受け入れるべく入試の形を整える、という順序が望ましいのだろう。大学はもちろん、小中高校の英語教育改革にも期待したい。

取材協力 ● 吉田研作／上智大学 特任教授、言語教育研究センター長
参考文献　『英検　英語情報』　公益財団法人日本英語検定協会／2014年12月・2015年1月号

05

教育改革に拍車をかける「英語4技能試験」の活用

大学入試や学力考査の英語テストに民間の資格・検定試験を活用する。
文科省の「有識者会議」が出した方針に沿って導入準備が本格スタートした。
試験が変われば、教育改革はうまくいくのか。その利点と課題にフォーカスする。

官民連携で議論が進む「英語資格・検定試験」の活用促進

　「英語教育の在り方に関する有識者会議」が2014年9月に発表した提言に基づき、文部科学省では同年11月、英語教育の専門家や学校関係者、経済団体、民間企業などが参画する「英語力評価及び入学者選抜における英語の資格・検定試験の活用促進に関する連絡協議会」（以下、連絡協議会）を設置した。前項で述べたように、いまだにリーディング偏重のきらいがある大学入試英語のアンバランスを是正し、4技能（読む・聞く・書く・話す）の運用能力を総合的に測るための試験の導入に向け、その課題と改善策を探ることが連絡協議会の目的だ。2015年4月現在、当面の課題として挙げられているのは、次の5点である。

1. 英語の資格・検定試験及び活用促進に係る情報提供
   （各試験の比較検討可能な情報や活用事例など）
2. 英語の資格・検定試験の活用促進に関する行動指針の策定（学習指導要領との親和性、評価の妥当性など）
3. 英語の資格・検定試験間の換算方法等の検証
   （精度の高い得点換算表の作成など）
4. 大学入学希望者学力評価テスト（仮称）／高等学校基礎学力テスト（仮称）の検討との連携
   （大学入試センター試験等に代わる新テストとの連携）

5. 大学及び高等学校入学者選抜における学力検査等の在り方の改善（現状の問題点等に関する調査・分析など）

　これと歩調を合わせ、2015年1月には「英語4技能資格・検定試験懇談会」（以下、懇談会）が発足。連絡協議会に名を連ねる試験運営団体が共同で、受験生や保護者、教育関係者らに向けた資格・検定試験に関する情報提供に努めている。そのウェブサイト「英語4技能試験情報サイト」（http://4skills.eiken.or.jp/）には、日本で受験できる代表的な英語4技能試験の概要をはじめ、現在こうした試験が注目されている背景や関連する政策、高校や大学における導入事例などが一元的に紹介されていてわかりやすい。

　こうした議論の行方を見守れば、近いうちに入試や教育現場で4技能試験をどう活用するかの方向性も見えてくるのだろう。しかし、文科省ではすでに大学向けの「入学者選抜実施要項」で4技能試験の活用を奨励しているし、実際、2013年度入試の時点で国公立大学の約2割、私立大学の約4割が何らかの形で資格・検定試験の活用を始めている以上（表参照）、学校関係者は悠長に構えている場合ではなさそうだ。有識者会議でも指摘されているように、「アドミッション・ポリシーとの整合性を図ることを前提」に、4技能試験の利点と課題について認識を深めておく必要がある。

　言語能力測定試験の妥当性などを研究する「言語テスティング」の専門家、順天堂大学准教授の小泉利恵氏（日本言語テスト学会事務局長）は次のように語る。

　「TOEFLなどの英語能力測定試験は今、『聞いて書く』『読んで話す』のような技能統合型の出題形式を取り入れる傾向にあります。ここからわかるように、実生

入試英語のアンバランスを正し
実生活に即した英語力を測る問題へ

活で使われる言葉により近いパフォーマンスを引き出し、その人の言語能力を測る試験へとシフトしているのです。その意味で、4技能試験を活用して大学入試改革を進めようとする最近の動きは、英語教育に携わる身としては基本的に歓迎です。中高生が、そうした能力の獲得を目指して勉強することになりますから。

　ただ、言語テスト研究の立場から言いますと、いくつかある4技能試験の特色はそれぞれに異なるので、出題形式や成績表示の違いだけでなく、何を意図して作られているテストなのかをよく見比べてほしいと思います。入試への導入を検討するうえでも、学習指導に活用するうえでも、これは大切です」

● 平成25年度大学入学者選抜における
　資格・検定試験（語学関連）の活用状況

区分	純計	推薦入試	AO入試	一般入試
国立	16 (19.5%)	10 (12.2%)	9 (11.0%)	0 (0.0%)
公立	18 (22.2%)	15 (18.5%)	8 (9.9%)	1 (1.2%)
私立	231 (40.0%)	181 (31.4%)	125 (21.7%)	33 (5.7%)
計	265 (35.8%)	206 (27.8%)	142 (19.2%)	34 (4.6%)

＊下段は、それぞれの区分ごとの大学数（国立：82校、公立：81校、私立：577校、計：740校）に対する割合
出典：文部科学省「英語力評価及び入学者選抜における英語の資格・検定試験の活用促進に関する連絡協議会」配付資料より

「テストの意図」に着目を
教育関係者の意識改革も大切

　冒頭で挙げた連絡協議会の課題のひとつ、「英語の資格・検定試験の活用促進に関する行動指針」はすで

それぞれ異なる4技能試験の「ねらい」
テストの目的と意図を見比べたい

に2015年3月17日付で素案が上がっており、文科省のウェブサイトに第2回連絡協議会での配付資料として掲載されている。そのサイトを見ると、「主な英語の資格・検定試験に関する基礎資料集」や「主な英語の資格・検定試験に関する情報一覧」へのリンクがあり、各試験の特徴を比較するのに役立つ。

「例えば、スピーキングテストの実施方法ひとつを比べてみても、パソコンを使って応答するCBT形式や、試験官と対面で話す面接式などに分かれています。面接式はコストがかかるので受験料が割高になる反面、受験者の様子に合わせて能力を評価しやすいなどのメリットがあります。では、CBTの評価がこれに劣るかと言えば必ずしもそうではなく、受験者によっては生身の人間を相手に話すよりも、緊張せずに実力が出せる場合もあり、一概に善しあしを決めることはできません」(小泉氏)

テストに減点主義のイメージは付きものだが、「良いテストは、受験者本来の力を引き出し、それを正当に評価するように作られている」と小泉氏は言う。そこに、テスト開発者の意図や考え方などが反映されることになる。例えば、ケンブリッジ英検には受験者同士がペアを組んで対話をする面接形式が含まれるが、これには自分のことを一方的に「話す力」だけでなく、「相手の意見を聞いて適切に応答する力」を測る目的があり、また対等な立場の受験者同士が会話することで実生活で重要になる話す力を測ることができる、という開発者のねらいが隠されている。

そうした違いを認めたうえで、入試や学習指導に適した試験を見極めるべきだろう。現在の案では、大学や受験者が複数の試験から対象試験を選ぶ方式になっ

● 主な英語の資格・検定試験

試験名	実施団体	主な目的	受験人数	成績表示方法
Cambridge English ケンブリッジ英検	ケンブリッジ大学英語検定機構	英語圏における日常生活に必要とされる実践的な英語力があるかを評価	世界で年間約250万人	上初級～特上級（5つ）、合否、スコア（80～230）、グレード
実用英語技能検定	日本英語検定協会	英語圏の社会生活（日常・アカデミック・ビジネス）に必要な英語を理解し、使うことができるかを評価	約235.5万人（H25実績）	1級～5級（合否表示）
GTEC CBT	ベネッセコーポレーション Berlitz Corporation ELS Educational Services ※一般財団法人進学基準研究機構（CEES）と共催	英語を使用する大学で機能できる（アカデミックな）英語コミュニケーション力を測る	非公開	0～1400点
GTEC for STUDENTS	ベネッセコーポレーション Berlitz Corporation ELS Educational Services	英語によるジェネラルな状況におけるコミュニケーション能力を測る	約73万人（H26実績）	0～810点
IELTS	ブリティッシュ・カウンシル ケンブリッジ大学英語検定機構 日本英語検定協会 など	英語を用いたコミュニケーションが必要な場所において、就学・就業するために必要な英語力を評価	約3.1万人（H26実績）世界で約250万人	1.0～9.0（0.5刻み）
TEAP	日本英語検定協会	EFL環境の大学で行われる授業等で英語を理解したり、考えを伝えたりすることができるかを評価	約1万人（H26実績）	80～400点
TOEFL iBT	テスト作成：ETS 日本事務局：CIEE	高等教育機関において英語を用いて学業を修めるのに必要な英語力を有しているかを測る	非公表	0～120点（4技能を各0～30点で評価）
TOEFL Junior Comprehensive	テスト作成：ETS 日本事務局：GC&T	英語を母語としない中高生の英語運用能力を世界標準で評価する	非公表	280～352点
TOEIC	テスト作成：ETS 日本事務局：IIBC	一般からビジネスまで幅広い英語によるコミュニケーション能力（聞く・読む）を測る	約236万人（H25実績）	10～990点
TOEIC S&W	テスト作成：ETS 日本事務局：IIBC	国際的な職場環境において効果的に英語でコミュニケーションする能力（話す・書く）を測定	約1.5万人（H25実績）	0～400点

ETS：Educational Testing Service　CIEE：国際教育交換協議会
GC&T：グローバル・コミュニケーション&テスティング　IIBC：国際ビジネスコミュニケーション協会
出典：文部科学省「主な英語の資格・検定試験に関する情報一覧」及び英語4技能 資格・検定試験懇談会ウェブサイトをもとに作成（2015年4月現在）

4技能試験は万能薬ではない
あらゆる教育関係者を巻き込む**包括的**な取り組みを

ているが、そこで必要になるのが、評点方法が異なる各試験の成績を換算するための統一基準である。現状では、ヨーロッパを中心に広く普及している「外国語の学習・教授・評価のためのヨーロッパ共通参照枠（CEFR）」を用いるのが有力で、文科省でもそれに基づく成績対照表を作成しており、懇談会のサイトでも見ることができる。

だがそれでも、1点刻みで表示するスコア方式と、いくつかの能力レベルに振り分ける等級方式とでは、テストで測る力の違いや誤差の問題もあって完全な照合は難しい。連絡協議会でもその点は検討課題とされているが、その割には、検討委員の構成メンバーに言語テストや心理測定学の専門家が多く含まれていないことを疑問視する声もある。

小泉氏によれば、4技能試験の導入により、「英語教育がそれだけで改善するかのような思い込み」や「すでになされている教育実践の優れた取り組みよりも4技能試験に向けた対策が重視される危険性」など、留意すべきポイントは他にも多々あると指摘する。

「教育改革によって日本人英語学習者の英語力を向上させるためには、入試に4技能試験を導入し、教育への良い影響（波及効果）を期待するのでは不十分です。小中高大の教員に向けて指導・評価についての研修を丁寧に行い、学校・塾・出版社等の教育関係者へも十分に説明するなど、包括的な取り組みが必要だと思います」

取材協力 ● 小泉利恵／順天堂大学 准教授、日本言語テスト学会 事務局長　https://jlta.ac/

06

CAN-DOリストとCEFR
生涯学習時代の語学支援ツール

「〜することができる」を基準に言語力を評価する「CAN-DO」方式。
そこにはヨーロッパ複言語主義に根ざした生涯学習の理念も込められている。
日本には果たして適合するか。「内発的動機づけ」の視点が鍵を握っているようだ。

教育現場に浸透する「CAN-DOリスト」
英語を使って「何ができるか」に注目

　言語教育に関わる人ならもう、「CAN-DO」は目新しい言葉ではないだろう。ある単語や表現を知っていることと、それを実際に使えることとは必ずしも一致しない。そこで、知識の量によって言語力を測るような評価のあり方から抜け出し、その言語を使って「何ができるか」に着目して能力を見極めようとするCAN-DOの考え方が、ここ数年で急速に教育現場に浸透してきた。その「〜することができる」を、生徒の学習状況を踏まえ、授業の目当てとして分類整理し列挙したものが、「CAN-DOリスト」である。

　文部科学省の「外国語能力の向上に関する検討会」が、CAN-DOリストを用いて中学・高校における英語力の学習到達目標を設定するよう提言したのは、2011年6月である。その翌年7月には「外国語教育における『CAN-DOリスト』の形での学習到達目標設定に関する検討会議」が組織され、ここでの議論をもとに2013年3月、各学校が実際に目標設定するのに参考とするための「手引き」が公表された。これによると、目標設定の手順は概ね次のようになる。

① 学習指導要領に基づき、外国語の表現及び理解につい

て生徒が身につける能力を各学校が明確にする。
② 生徒の学習状況などを踏まえ、卒業時の学習到達目標をCAN-DOリストの形で設定する。
③ 卒業時の目標を踏まえ、学年ごとの目標を設定する。
④ 学年ごとの目標をもとに年間指導計画をつくり、さらに単元ごとの指導と評価の計画をつくる。
⑤ 上記の目標や評価規準を意識して授業と評価を実施。
⑥ 到達目標の達成状況を把握し、指導や評価を改善。
⑦ 到達目標が適切であったかどうか検討し、見直す。

　重要なのは、国や自治体からのお仕着せではなく、各学校が主体的に「生徒が身につける能力を明確にする」ことである。学習指導要領がベースとなるのは原則だが、あとは各学校が、それぞれの特色とニーズ、地域の事情、生徒の学習レベルなどに応じて決めればよい。それはとりもなおさず、生徒にどんな力を身につけてほしいか、どうすればそれができるか、実際にそれを達成できているかを、各学校と教員自身が常に認識しなければならないことを意味している。

　東京の千代田区立九段中等教育学校がウェブサイトで公表しているCAN-DOリスト（2015-2016）を見てみよう。第1学年の学年末における「聞くこと」の到達目標は、次のように設定されている。

Listening 聞くこと	実生活に関わること	授業における簡単な指示を聞いて、適切に応じることができる。
	本校独自の行事やKudan Methodに関すること	English Showerで、講師の先生による簡単な自己紹介を聞いて、概ね理解することができる。
	授業に関すること	人やものについての説明を、簡単な語句で話してもらえば、理解することができる。

　この学校では、「聞くこと」「話すこと」「読むこと」「書くこと」の4つの技能ごとに、「実生活に関わるこ

お仕着せの目標からの脱却を
現場の主体性が問われるCAN-DOリスト

I-3 語学教育と大学入試

と」「本校独自の行事やKudan Methodに関すること」「授業に関すること」の３つの項目を立て、それぞれに学年末の到達目標を設けている。また、技能ごとに、英検やGTEC for STUDENTSによる目標値も明示される。Kudan Methodとは、英語やキャリア教育を含む同校独自の総合的な学習プログラムの総称で、英語教育では放課後英語サロンや、外国人留学生などによるEnglish Showerと呼ばれる活動があり、そうした特色を踏まえてCAN-DOリストが作られていることがわかる。

CAN-DOを成功させる３つの要素 「有能性」「自律性」「関係性」の相乗効果

　では、CAN-DOリストを導入すると、生徒や教員にとってどのような効果が期待できるのか。言語学習の動機づけなどを専門に研究し、前掲「検討会議」の委員を務めた東海大学外国語教育センターの長沼君主准教授は、そのヒントとして、①有能性、②自律性、③関係性の３点を挙げる。順に説明してもらおう。

　「誰もが真っ先に思い浮かべる利点は、文字どおり生徒に『できる感』を与えられることでしょう。これが自己効力で、目指すべき目標が明確だから『できるかもしれない』という期待感とやる気が生まれ、実際に『できた』と感じることで有能感にもつながります。留意すべきポイントは、指導計画の要所要所で『できる感』がきちんと得られるような場面をつくること。

　すると、『できるようになりたい』気持ちも芽生えます。最初は先生から与えられた目標だったとしても、それが自分にとって必要な、価値あるものだと思えば、次第に自らすすんで学ぶようになる。つまり、自律的な学習が可能になるのです。ここでは生徒が本心

「できる感」を高めて自律学習へ
信頼関係も欠かせない内発的動機づけ

から、自分にとって大事と思えるかどうかが鍵ですね。

3つめの関係性は、先生と生徒の信頼関係です。人は誰でも、好きな人や尊敬する人の言うことは素直に聞けますね。その目標が『価値あるもの』だと認められるかどうか、これは実は人間関係に負うところも大きいのです。逆に言えば、授業の活動を通して『できる感』を積み上げることができれば、そこに信頼感が生まれ、さらなる自律性に結びつくはずです」

これらは学習者に望まれる「内発的な動機づけ」の基礎になる要素であり、相互に作用し合うものだという。現在の学校教育ではとかく「できる感」だけがクローズアップされている観もあり、それだとややもすれば「CAN-DOリストが単なる目標管理の道具に終始しかねない」と長沼氏は警鐘を鳴らす。

「到達目標というのは扱い方を誤ると、例えばテストで目標点をクリアしたとたんに満足して先が続かなくなるように、『〜できる』こと自体が目的化して終わる危険性もあるのです。継続させるために、自律性と関係性にもぜひ目を向けてほしいと思います」

言語の生涯学習に必要な視点
CEFR（ヨーロッパ言語共通参照枠）の理念

長沼氏の言う「継続」は、中高6年間だけを意味しない。前掲の「手引き」にも、「自律的学習者としての態度や姿勢が身に付くと、学校を卒業した後も、自らに必要な言語能力の習得を続けることがより容易になる」と書かれているように、CAN-DOの考え方は「生涯学習」にも通じる。そしてそれこそが、CAN-DOの手法を世界に知らしめた「CEFR」の理念なのである。

CEFRの理念に立ち返って考える
言語習得と生涯学習の親和性

　欧州評議会が開発し、2001年に発表したCEFRは、その正式名「外国語の学習、教授、評価のためのヨーロッパ共通参照枠（Common European Framework of Reference for Languages: Learning, Teaching, Assessment）」からも窺い知れるように、さまざまな言語が共存するEU域内において、どの言語にも共通する運用能力の目安や評価の基準、学習目標などを定めることで、教育の透明性や雇用の人的流動性を高めるために設けられた枠組みである。したがって、「言語を理解するだけでなく『使う』視点から組み立てられているのが特徴で、それがCAN-DOという行動中心主義的な目標設定にも表れているのです」（長沼氏）。

　具体的に言うと、CEFRでは「共通参照レベル」として、ABCの3段階が2つずつに枝分かれした6つの段階で言語能力を表している（右表参照）。また、聞く・読む・書くに加え、話すことを「発表」と「やり取り」に分けた5技能のそれぞれについて、言語発達の度合いがCAN-DO式の指標によって示されているので、学習者や教員はこれを参照して現状の能力を確認したり、目標を決めたりすることができるのだ。B1は自立した言語使用者の入口となるThreshold（閾値）と位置づけられ、そこに至る過程がA2のWaystage、さらにA1の段階も使用の壁を突破するBreakthroughと名づけられ、初学者のレベルから「言語を使う」ことが志向されている。

　「下のレベルから『できること』を肯定的に捉えていくのが、CEFRの基本的な考え方。そこには、学業であろうと仕事であろうと、個人が必要なときに必要な言語を必要なレベルで学び使うという、ヨーロッパ特有の複言語主義の価値観があり、これが自律的に続

けられる生涯学習の支えとなるわけです」

　日本でもその価値観が受け入れられたとき、小中高大の連続性はもとより、その前後も含めて連綿とつながる個人の「言語学習ポートフォリオ」が実現するのかもしれない。CEFRにはその視点も含まれている。

● CEFR 共通参照レベル

熟練した言語使用者	C2	聞いたり読んだりした、ほぼ全てのものを容易に理解することができる。いろいろな話し言葉や書き言葉から得た情報をまとめ、根拠も論点も一貫した方法で再構築できる。自然に、流暢かつ正確に自己表現ができる。
	C1	いろいろな種類の高度な内容のかなり長い文章を理解して、含意を把握できる。言葉を探しているという印象を与えずに、流暢に、また自然に自己表現ができる。社会生活を営むため、また学問上や職業上の目的で、言葉を柔軟かつ効果的に用いることができる。複雑な話題について明確で、しっかりとした構成の、詳細な文章を作ることができる。
自立した言語使用者	B2	自分の専門分野の技術的な議論も含めて、抽象的な話題でも具体的な話題でも、複雑な文章の主要な内容を理解できる。母語話者とはお互いに緊張しないで普通にやり取りができるくらい流暢かつ自然である。幅広い話題について、明確で詳細な文章を作ることができる。
	B1	仕事、学校、娯楽などで普段出合うような身近な話題について、標準的な話し方であれば、主要な点を理解できる。その言葉が話されている地域にいるときに起こりそうな、たいていの事態に対処することができる。身近な話題や個人的に関心のある話題について、筋の通った簡単な文章を作ることができる。
基礎段階の言語使用者	A2	ごく基本的な個人情報や家族情報、買い物、地元の地理、仕事など、直接的関係がある領域に関しては、文やよく使われる表現が理解できる。簡単で日常的な範囲なら、身近で日常の事柄について、単純で直接的な情報交換に応じることができる。
	A1	具体的な欲求を満足させるための、よく使われる日常的表現と基本的な言い回しは理解し、用いることができる。自分や他人を紹介することができ、住んでいるところや、誰と知り合いであるか、持ち物などの個人的情報について、質問をしたり、答えたりすることができる。もし、相手がゆっくり、はっきりと話して、助けが得られるならば、簡単なやり取りをすることができる。

出典：ブリティッシュ・カウンシル、ケンブリッジ大学英語検定機構

取材協力 ● 長沼君主／東海大学外国語教育センター 准教授

参考文献　「各中・高等学校の外国語教育における「CAN-DOリスト」の形での学習到達目標設定のための手引き」／文部科学省初等中等教育局（2013年3月）

07

「CAN-DO」による
新しい日本語教育

英語教育で用いられる「CAN-DOリスト」は日本語教育にも応用可能だ。
多様化が進む日本語教育の現場で、個々の学習者の自己成長に欠かせないだけでなく
日本語教育のさらなる普及にも貢献する可能性を秘めたツールである。

多様化する国内の日本語学習者
個々の環境に応じた日本語教育の必要性

「日本語教育」とひと口に言っても、そこにはさまざまな教育現場が存在する。日本国内では大まかに、①大学等の機関（大学、短期大学、高等専門学校）、②一般の施設・団体（地方公共団体、国際交流協会、民間の日本語学校など）の2つに分類できる。

2013年度の文化庁の調査によると、国内における日本語学習者の数は15万6843人、うち上記の①に当たる機関で学ぶ人は5万1399人（全体の32.8%）、②は10万5444人（全体の67.2%）である。学習者の出身はアジア地域が大多数を占め（80.5%）、次いで南アメリカ地域（4.0%）、ヨーロッパ地域（3.9%）となっている。国別に見ると、1位中国、2位ベトナム、3位韓国と続く。

では実際に、どのような人が日本語を学んでいるのだろうか。

まず思い浮かぶのは、大学や日本語学校で学ぶ留学生かもしれない。しかし、国内の日本語学習者は、数の増加とともに多様化もまた進んでいる。企業従事者、技能実習生、介護士・看護師、日本人の配偶者とその家族等々。特に、1990年の出入国管理及び難民認定法の改正により、日系の南米人、中国からの帰国者が

家族とともに来日するケースが急増し、日本語教育をめぐる環境にも変化が生じてきた。

　家族とともに来日した児童・生徒の中には、日本語がまったくわからないまま日本の公立学校に通うケースも少なくない。しかし、学校現場において、すべての子どもたちに十分な日本語指導が行われているとは言えないのが現状である。もちろん、彼らの親もまた、仕事だけでなく日常生活を送るための日本語能力が必要となる。これまで日本語教育の対象と考えられてきたのは、おもに留学生（就学生）だったが、日本語を必要とする人たちの多様化により、それぞれに適した日本語教育が求められるようになってきたのだ。

　人口5万9000人を擁する秋田県能代市には、260人の外国人が暮らしている（2011年度）。そのうちの8割が日本人の配偶者で、地域での生活を支えるため、日本語教室が開かれている。どこへ行くにも車が必要という土地柄、国際結婚をした人たちも、運転免許がないと生活に支障をきたす。そこで、日本語教室はさながら「運転免許取得対策講座」の様相を呈することもしばしばだ。

　地域によって、人によって、日本語を学ぶ事情は異なる。必要となる生活行為をベースに、必要となる日本語を教えることが重要だ。そんなときに、英語教育で用いられている「CAN-DO」の考え方が応用できるかもしれない。

　愛知県豊田市には自動車関連工場で働く外国人が多く、住民の約3〜4％が外国籍の住民だ（2012年度）。彼らの日本語能力を引き上げるため、豊田市は名古屋大学と協働して「とよた日本語学習支援システム」を

必要な日本語は何かを考える
学習者の生活行為を基準に

I-3　語学教育と大学入試　133

現地の教育制度の中に日本語教育を根づかせることが肝要

構築した。そこでは、学習者が自分の日本語能力を知り、目標を意識しながら学べるよう、レベル0からレベル6までの「CAN-DOリスト」を作成し、共通の評価基準としている。レベルごとに何ができるかを明確にすることで、学習成果の手応えが得られやすくなるという。

では、多種多様な日本語教育の現場において、すべて同じものさしで日本語能力を測ることができたら――。そこで生まれたのが、国際交流基金による「JF日本語教育スタンダード」である。

世界中の日本語教育の現場で活用できる「CAN-DO」による共通の評価基準

JF日本語教育スタンダードは、日本語の教え方、学び方、学習の評価の仕方を考えるためのツールで、ヨーロッパの言語教育の基盤であるCEFR（前項参照）の考え方に基づいて生まれた。「飲食店などで、注文の間違いなどの問題が生じたとき、ある程度詳しく状況を説明し、苦情を言うことができる」「子どもが通っている学校からの行事の報告や学習内容などのお知らせを読んで、あまり苦労せずに内容を理解することができる」などの「CAN-DO」により、日本語の熟達度を知ることができる。

「動詞の活用や漢字をどれだけ知っているか、ではなく、『何ができるか』が目標になります。学習者は次に何が必要かがわかり、目標設定がしやすくなります。また、仕事や生活環境に応じて、自分にとって本当に必要な項目から学ぶことが可能です」と国際交流基金日本語国際センター所長の西原鈴子氏は解説する。さまざまな日本語教育の現場で活用できる共通の基

準——それは、海外における日本語教育の現場でも同様である。

　国際交流基金の2012年度の調査によると、海外で日本語を学んでいる人は399万人、調査を開始した1979年度と比べると、33倍に増加している。最も学習者が多い国・地域は中国、次いでインドネシア、韓国、オーストラリアの順だ。およそ60％が、学校教育の中で日本語を学んでいる。

　「その国の子どもたちにとって日本語を学ぶことがいかに有用であるかを説き、現地の教育制度の中に日本語教育を取り入れてもらえるよう働きかけを行っています。日本のカリキュラムや教材を押しつけても、真の意味で、現地での日本語教育は根づかないと考えます。『協働する支援』は現地にとってお金も人材も必要となるものかもしれませんが、だからこそ独自な成長が可能になる。一緒に作った教材だからこそ、現地の先生が主導で教えることができるのです」

　これまで、国際交流基金は世界各地で協働による教材開発を進めてきた。

　「海外に行くと、日本は信頼に足る国だとよく言われます。東日本大震災で被害にあった人たちが他の人を気遣う様子を見て、日本人の尊厳を見たという人もいる。こうした流れを追い風に、日本語を学ぶ人が世界に広がるよう働きかけていきたい」と西原さん。次なる日本語教育普及のターゲットは中東、アフリカだ。

取材協力　●　西原鈴子／国際交流基金日本語国際センター 所長
　　　　　　https://www.jpf.go.jp/j/urawa/

参考文献　　JF日本語教育スタンダード　http://jfstandard.jp/top/ja/render.do

Column ❸ 下村文部科学大臣インタビュー

転換期を迎える日本の英語教育
グローバル人材育成の行方

2012年の大臣就任以来、一貫して「教育立国」を掲げる下村博文文部科学大臣。世界で活躍する真のグローバル人材育成に向けて、日本の教育はどこへ向かっていくのか。大きな転換期を迎えた英語教育の今後の行方とグローバル人材教育の進展を伺った。

2020年までに日本人留学生を倍増
官民協働で若い志をバックアップ

――昨今、日本の若者の「内向き志向」が指摘されています。

下村大臣 世界の先進国の中で、海外への留学生の数が減少しているのは日本だけです。ピークのときには、アメリカへの留学生だけで年間5万人以上いましたが、現在は全体で2万人を切っている。アメリカで学ぶ留学生の国際比較では、インドや中国の学生が著しく増加する一方、日本人留学生は2000年以降、年々減少しています。果たして、こうした国に未来はあるでしょうか。

もちろん、海外への留学生が減った要因は、若者の志向の変化だけではありません。デフレ経済が長引き、留学費用を捻出できない、という経済的な理由もあるでしょう。また、履修単位の違いから、留学先で取得した単位を日本の学校で振り替えることができないケースも考えられる。つまり、留年の可能性があることも、足踏みの原因かもしれません。留年をすれば就職に不利になるのではないかと誤解されることもあるようですが、実際には、多くの企業が、留学を理由にした留年についてはプラスに評価しているのです。若い人たちには、もっと世界に目を向けてもらいたいですね。

――そのような状況下で、「トビタテ！ 留学JAPAN」キャンペーンが進行しています。どのような取り組みなのでしょうか。

下村博文（しもむら・はくぶん）
衆議院議院 東京第11区 板橋区。現在、文部科学大臣、教育再生担当大臣、東京オリンピック・パラリンピック担当大臣を務める。1954年群馬県生まれ。早稲田大学教育学部卒業。9歳のとき、父が交通事故死。高校・大学を奨学金で卒業し、このことが後に、世の中に貢献したいという気持ちにつながり、政治を志す。

下村大臣 2020年までに外国からの留学生を倍増させると同時に、海外へ飛び立つ日本人留学生の数も倍増させようという事業です。大学生の海外留学は現状の6万人から12万人、高校生は3万人から6万人を目指し、官民協働で留学を促進するための情報提供や奨学金援助などの方策を進めています。

2020年と言えば、オリンピック・パラリンピック競技大会が日本で開催される年です。世界が日本にやって来るこの年を大きな節目として、世界規模で活動し、地球規模でものごとを捉える日本人へと進化しなければなりません。そのためにも、世界を舞台に果敢にチャレンジする、タフな知性を持った若者を育てることは、私たちの使命だと考えています。

英語の指導力向上を目指して
中核となる教員の育成も強化

——国内における英語教育も改革が進んでいます。
下村大臣 2011年から、小学校で新学習指導要領が全面実施され、5年生から「外国語活動」が必修となりました。今後は、3年生から必修とし、5年生から教科に格上げして、検定教科書の使用や成績評価も導入する予定です。

より早い時期から英語にふれさせて、全体的な英語力の底上げをするのがねらい。英語教育は、小学校から中学校、高等学校、そして大学へと、切れ目なく連動していく必要があると考えます。

——小・中・高等学校の教員のスキルアップも重要な課題となりますね。
下村大臣 先生方には、まず自信を持っていただくことが肝要です。既存の民間の英語検定試験を活用して、何年後かに一定基準以上をクリアしてもらう、といった明確な目標を定めることが必要だと思います。

また現在、小・中・高等学校での英語教育を強化するため、「英語教育推進リーダー」の育成を進めています。全国から募集した英語教員500名を対象に研修を実施し、英語担当教員の指導力向上に寄与する中核教員となってもらおうというものです。

さらには、日本人教師を補助する外国語指導助手（Assistant Language Teachers: ALT）の力も見逃せません。現在はJETプログラム（語学指導等を行う外国青年招致事業）でおよそ4100人の先生方が来日していますが（2014年7月の統計）、まずはこれを増やしていきたいと考えています。特に小学生の段階では、ネイティブスピーカーから教わることが大切だと思います。語学は音楽的な感覚で身につける部分もあります。初めて英語にふれる小学生には、発音があまりうまくないジャパニーズイングリッシュよりも、正しく美しいネイティブスピーカーの発音が望ましい。そのためには、日本人教員の養成を急ぐ一方で、ALTの活用も視野に入れる必要があるのです。

真の国際人として忘れてはならない
日本人としてのアイデンティティ

――大学入試について、下村大臣のお考えをお聞かせください。

下村大臣 英語の能力は、読む、書く、話す、聞くの4技能で測られますが、今の大学入試センター試験では、これらを均等に評価していません。「読む」、つまり読解は200点、「聞く」はリスニングで50点、「書く」はマークシートなので実際の力は測れませんし、「話す」については試験を行っていない。4技能すべてをバランスよく教え、評価できるようにならないと、受験英語しか身につかず、実社会で役立つ英語力を養うことはできません。

　また、大学入試は1点差で合否が決まってしまうのではなく、TOEFLやTOEICなど民間の検定試験を活用して一定水準をクリアしていれば試験を免除する、といった方策も視野に入れています。実際に、こうした外部試験を利用した入学選考を実施している私立大学も増えています。

――高等学校、大学では、グローバル人材育成のための新しい取り組みが始まりました。

下村大臣 高等学校では2014年に、英語力に加えて幅広い教養や問題解決力を身につけた生徒の育成に取り組む高校等を支援する「スーパーグローバルハイスクール（SGH）」事業を開始し、2015年を含めると112校を指定しました。目指すべきグローバル人材像を設定し、国内外の大学や企業、国際機関と連携を図り、グローバルな社会課題、ビジネス課題をテーマに横断的かつ探究的な学習を行う学校です。さらに、海外大学との連携や大学改革によって国際化を進めている「スーパーグローバル大学」を37校、選定してしてい

ます。いずれも、真に世界で通用するような人材を養成する高等学校・大学に対して、国がバックアップする取り組みです。

――「スーパーグローバル大学」を拠点に、取り組みの効果を全国に波及させていくのでしょうか。
下村大臣　いいえ、これは指定校限定の取り組みです。私は、すべての大学が「スーパーグローバル」になる必要はないと考えています。世界で通用する人材を育成する大学もあれば、地域に必要な人材育成に注力する大学もあっていい。個々の大学が有する機能や使命を全うするべきではないかと。
　「グローバル人材」についても同様です。全国民がグローバル人材になる必要はありません。生まれ育った土地に根づいた生活をすることもまた、素晴らしい。ただ、誰がグローバルな活躍をすることになるかわからないので、すべての子どもに平等に教育を与える必要があるのです。志が高い子どもには留学のチャンスを与え、全力を挙げてバックアップしたいと思います。

――最後に、グローバル人材というのはどのような人だとお考えでしょうか。
下村大臣　私が考えるのは、地球というフィールドで、異文化の中でも、異人種の中でも、たくましく、協調性を持って活躍できる人です。そのためには、世界共通語である英語を身につけておくことが必須だと思いますが、ただ英語が話せるだけでは世界で通用しない。忘れてはならないのは、日本人としてのアイデンティティをしっかり持つということです。日本の伝統や歴史を理解する「真の日本人」でなければ、「真の国際人」にはなれないのです。

II部
グローバル社会で通用する英語

II-1 「社会人の英語使用実態調査」の目的　143
II-2 「社会人の英語使用実態調査」の結果　151

執筆 ● 小泉利恵
編 ● アルク教育総合研究所

「社会人の英語使用実態調査」にあたって

　アルク教育総合研究所（株式会社アルク）では、学習行動を成果に結びつきやすくするために、教材・学習法の研究、学習者個人・企業・教育機関のニーズ調査等を随時行い、調査結果を公表しています。2014年秋、当研究所は日本人の「仕事現場における英語使用実態」に関わる調査を行い、その結果を「アルク英語教育実態レポート Vol. 3——日本人の仕事現場における英語使用実態調査——」（2015）で発表しました。

　本調査では、仕事現場での英語使用の実態を一層明確に捉えるため、世間一般の人が「仕事で英語を使っている人」に抱く「イメージ」も調査しています。世間のイメージと実態のギャップはどこにあるのか、仕事で英語を使っている人たちとはどんな人たちなのか。ここに調査結果と考察を記します（なお、本調査は株式会社マクロミルの協力を得て実施しました）。

　本稿は調査にあたってアドバイスを受けた小泉利恵・順天堂大学医学部准教授による執筆で、すでに公表している実態レポートを深堀りし、結果に考察を加えたものとなっています。

アルク教育総合研究所

II-1
「社会人の英語使用実態調査」の目的

Contents

英語を使って仕事をしている日本人の
英語使用の実態を明らかにする　144

英語を使って仕事をしている日本人の英語使用の実態を明らかにする

「英語を使って仕事をしている人は、実際どんな英語を使っているのか」といった疑問へ答えるべく、アルク教育総合研究所ではアンケート調査を実施した。ここではその内容と目的、調査に至った背景について記す。

● 調査の目的 ●
仕事で英語を使っている人と世間のイメージにギャップはあるのか

　日本の多種多様な企業が生き残りをかけて海外に進出し、海外売上比率を上げようとしている。それにともない、国際共通語としての英語を「使えること」の重要性は一層高まりを見せている。

　しかしながら、実際に仕事現場で「英語を使っている人」とは具体的にどのような語学能力の人たちなのか、仕事現場では英語をどう使っているのか、その実態ははっきりと見えていないのが実情ではないだろうか。そこで、アルク教育総合研究所は、2つのグループを対象に、次の①②の目的でアンケート調査を行った。
① 「英語を使って仕事をしている日本人」の実態を示し、世間のイメージとのギャップを明らかにする。
② 日本人にとって有用な【仕事の英語CAN-DO List】（CDL：英語を使って何ができるのかをレベルごと、スキルごとに一覧表の形で記述したもの）を開発し、企業や教育機関で便利に使える「英語を使ってできること」の能力指標のひとつのモデルを提示する。

　本書では、主に①に関わる調査結果を示すこととする。なお、英語使用・学習には、話す・書く・聞く・読むことの4技能が関わるが、今回は英語を話すこと、書くことに焦点を当てた。調査は、株式会社マクロミルに協力を依頼し、2014年9月にインターネット上で行われた。協力者には謝礼が支払われた。

● 調査の背景 ●
中高生が考える、社会での英語の重要性と自分にとっての必要性

　英語教育に関して文部科学省は「英語を使ってできること」を能力レベルごとに記述した一覧表を作り、それを到達目標や能力指標として教育現場に取り入れ

る可能性を探っている。ベネッセ教育総合研究所は中高生に紙上でアンケート調査を行い、社会での英語の重要性と自分にとっての必要性を尋ねた研究結果を2014年に発表した（ベネッセ教育総合研究所, 2014）。

　これによると、「あなたが大人になったとき、①社会ではどれくらい英語を使う必要がある世の中になっていると思いますか」という質問に対し、中高生ともに6割以上が「将来の社会では、英語を仕事でほとんどいつも使う、または使うことがある」と考えていた（中学生64.9%、高校生68.0%）。「②あなた自身はどれくらい英語を使っていると思いますか」と尋ねたところ、約3割の中高生が「将来自分自身は英語を仕事でいつも使う、または使うことがある」と考えたが（30.7%、31.7%）、「将来自分自身は英語をほとんど使わない」と考える生徒も4割以上もいた（44.2%、46.4%）。「あなたは将来、どれくらいの英語力を身につけたいですか」の問いに対しては、「英語で仕事ができるくらいの英語力」と答えたのは、21.9〜22.0%のみだった。**社会では英語が必要だと感じていても、自分が仕事で使うとも、その英語力を身につけたいとも、あまり思っていないというギャップがある中高生がかなりいることがわかる。**

仕事場で使う英語について、実態と一般イメージにギャップはあるか

　中高生でも英語使用の重要性についての認識はあるが、実際の仕事における英語使用の割合については、両極の意見が見られる。

　一般財団法人 国際ビジネスコミュニケーション協会（IIBC, 2013）は、郵送方式でのアンケート調査を用い、**国内の上場企業の75.0%が業務で英語を使用している**ことを示した。一方、寺沢（2013）は、無作為抽出に基づく社会調査データを用い、**就労者の中で、英語を仕事で「よく、または時々使う」または「過去1年間で少しでも使用した」人は約10〜25%であり、英語使用者は社会人全体の中で限られる**と報告している。加えて寺沢（2014）によると、英語を過去1年間に少しでも使用した人の割合は、2006年の21.0%から2010年の16.3%と減少していた。

　IIBC（2013）と寺沢（2013, 2014）の結果の違いは、調査対象の違いから来ており、社会人全体としては、寺沢の2つの研究結果のほうが現実を反映しているかもしれない。しかし、2020年に東京オリンピック・パラリンピックを開催する日本では、英語の使用の頻度が高まっていくと予想される。

II-1　「社会人の英語使用実態調査」の目的　　145

英語の使用が少なくとも一部の社会人にある中、実際に仕事現場で「英語を使っている人」とは具体的にどのような語学能力の人たちなのか、仕事現場では英語をどのように使っているのかなど、その実態ははっきりと見えていないように思われる。
　日本における社会人の英語使用の実態を明らかにすることを目的のひとつとして、小池・寺内・高田・松井・IIBC（2010）と一般財団法人 大学英語教育学会EBP調査研究特別委員会（以後JACET EBP）・IIBC（2014）の２つの研究が行われた。大規模で詳細な調査であり、日本人社会人の英語使用について明らかにした事項は多い。
　例えば、小池他（2010）は、社会人回答者にインターネットまたは紙版でのアンケートで、国際的な交渉で問題を感じる点を尋ね、回答者のTOEIC®スコアレンジごとに分析した。その結果、**TOEIC®スコアが高い人でも自分の英語力不足を感じる人が多いことを示し、**また「**積極的に討論に参加するためにはTOEIC®800点以上**」、「**反論ができるようになるにはTOEIC®900点が必要**」**などと、交渉スキルと英語力との関係を提示**した。
　JACET EBP・IIBC（2014）は、インターネットでのアンケートやインタビューを用いて、ビジネスの英語での交渉や議論時に「論点を整理し、コンセンサスを得る」ことが最も難しく、次に「判断や結論を下す」ことが難しいことなどを示した。
　小池他（2010）ではビジネスの第一線での議論時に使う英語などを中心に質問し、電話・メールなどそれ以外の英語使用については、あまり分析を行っていない。対象者は、海外出張経験者などの英語使用者であり、TOEIC®スコアの中央値が700点台など、高めの英語力を持つ層を主に対象にしていたようである。またJACET EBP・IIBC（2014）では国際業務に関わる管理職のみが調査対象で、小池他よりも高いレベルのビジネス交渉力に限定して詳細に調べている。そのような焦点化した分析結果によって得られた知見が多い一方、仕事で使用する英語はもう少し多様であり、それを調べる必要もあろう。また、英語使用の実態だけでなく、英語を使用している社会人の英語学習の背景を示すことや、仕事での英語使用と学習の実態を、一般の人が抱くイメージと対比しながら明示することにも意義があるのではないだろうか。今回、アルク教育総合研究所は、この目的を果たすために調査を行った。

調査の対象

実態と世間一般イメージの2グループを対象に実施

アルク教育総合研究所は、次に挙げる2グループの対象者に、項目は関連するが別々のアンケートを実施した。

調査対象①　実際に「仕事で英語を使っている日本人」
→仕事現場での英語使用や、仕事外での学習について尋ねる

調査対象②　一般の日本人
→「仕事で英語を使っている日本人」に抱いている「一般イメージ」を尋ねる

調査対象①：実際に「仕事で英語を使っている日本人」のグループ

条件に合う2754名を選んでスクリーニング調査を行い、英語を仕事で使うことがあり、最近のTOEIC®スコアを持つ等のさらなる条件に合う人を絞り込んだ。最終的には以下の5条件を満たす825人に本調査を行った。

1. 日本人有職者（パート・アルバイトを除く）
2. 年齢20～59歳
3. 過去1年以内に仕事で英語を「話す」「書く」形で使用した人
4. 2年以内に取得したTOEIC®スコアを申告できる人
5. インターネット調査に回答可能な人

この825人について、財団法人国際ビジネスコミュニケーション協会がTOEIC®スコアのレンジによってレベルA～E（A: 860～990点、B: 730～855点、C: 470～725点、D: 220～465点、E: 10～215点）に分けているのを参考に、以下の5グループに分けて調査した。

① 860点以上（レベルA）
② 730～855点（レベルB）
③ 600～725点（レベルC）
④ 470～595点（レベルC）
⑤ 465点以下（レベルD、E）

各グループとも同数の165人を割り当てて抽出した。各グループを同数にしたのは、全員から「自分は英語を使って○○ができる」という具体例を挙げてもらい、それに基づき【仕事の英語CAN-DO List】を開発する目的があったからである。

各スコアグループの構成比は20％である。しかし、「実態」の姿を「一般イメージ」と対照させるためには、抽出したサンプルの構成比を、母集団の構成比に補正（ウェイトバック）する必要がある。本レポートでは下記のようにウェイトバック値を求め、サンプル数を補正した（補正の際に小数点以下を四捨五入しているため、148ページ以降の図表では合計100.0％にならない場合がある）。

1．平成22年度国勢調査から「就業者数」を抽出し、男女比、年代別構成比を算出
2．825人を抽出するスクリーニング調査結果を1の構成比に補正し、TOEIC®テストのスコア分布を算出
3．スコアの分布に合わせて本調査の回答者構成比を補正

　結果として表1・図1のような分布となり、**仕事で英語を使っている人はどのスコアレンジにもいるが、35.9％は600点未満**という結果になった。また、表2は、5グループに分ける際、回答者に45点刻みでTOEIC®スコアを聞いた結果である。465点以下グループでは64.8％が400点未満であることがわかった。

実態　表1 ● 補正後の対象者構成

	割付名	母集団構成比	調査サンプル数構成比	ウェイトバック値	ウェイトバック前サンプル数	ウェイトバック後サンプル数
1	〜465点	14.77	20.0	0.74	165	122
2	470〜595点	21.09	20.0	1.05	165	174
3	600〜725点	25.46	20.0	1.27	165	210
4	730〜855点	23.67	20.0	1.18	165	195
5	860点以上	14.99	20.0	0.75	165	124
合計		100.00（％）	100.0（％）	平均1.0	825（人）	825（人）

実態　図1 ● スコアレンジごとの対象者の割合（補正後）

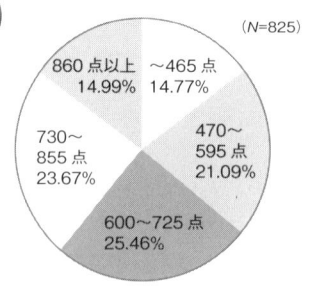

(N=825)

- 860点以上　14.99％
- 〜465点　14.77％
- 470〜595点　21.09％
- 600〜725点　25.46％
- 730〜855点　23.67％

表2 ● グループ内のスコア分布

点数	人数	~395	440~445	450~495	500~545	550~595	600~645	650~695	700~745	750~795	800~845	850~895	900~945	950~990	(点)
全体	825	9.6	3.0	9.8	8.8	4.6	9.1	11.4	9.7	8.8	9.0	6.7	5.5	3.9	(%)
~465	122	64.8	20.6	14.5	0.0	0.0	0.0	0.0	0.0	0.0	0.0	0.0	0.0	0.0	
470~595	174	0.0	0.0	36.4	41.8	21.8	0.0	0.0	0.0	0.0	0.0	0.0	0.0	0.0	
600~725	210	0.0	0.0	0.0	0.0	35.8	44.8	19.4	0.0	0.0	0.0	0.0	0.0	0.0	
730~855	195	0.0	0.0	0.0	0.0	0.0	0.0	0.0	20.0	37.0	38.2	4.8	0.0	0.0	
860以上	124	0.0	0.0	0.0	0.0	0.0	0.0	0.0	0.0	0.0	0.0	37.0	37.0	26.1	

　性別は回答者抽出の条件に加えなかったが、男性が73.2%となり、年齢が30代、40代で66%を占める結果となった（図2・図3）。これは寺沢（2013）で、全就労者中、過去1年間に英語を仕事で使用したことがある人の割合が最も高かった年齢層が30代と40代だったことと一致している。年齢から推察するに組織の中の「中堅クラス」に英語を使っている人が多いようである。

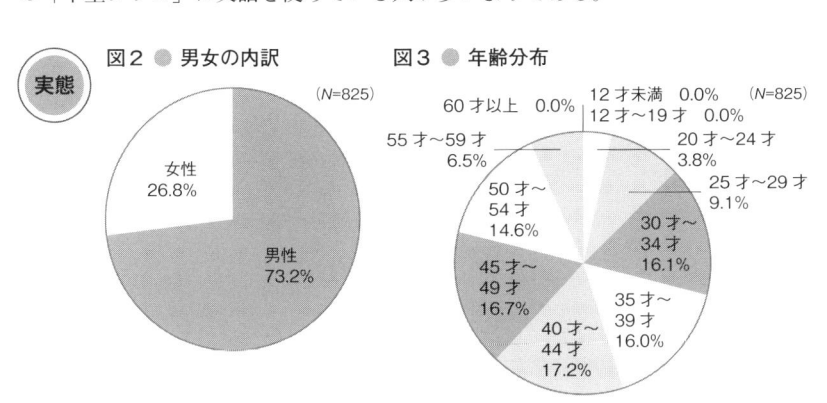

図2 ● 男女の内訳 (N=825)

- 女性 26.8%
- 男性 73.2%

図3 ● 年齢分布 (N=825)

- 12才未満 0.0%
- 12才~19才 0.0%
- 20才~24才 3.8%
- 25才~29才 9.1%
- 30才~34才 16.1%
- 35才~39才 16.0%
- 40才~44才 17.2%
- 45才~49才 16.7%
- 50才~54才 14.6%
- 55才~59才 6.5%
- 60才以上 0.0%

※なお本調査では、以下の文言をアンケート中に提示した。
・このアンケートは、先日の事前調査で、「直近1年間に、お仕事で英語を【話す】【書く】経験をした」とお答えの方に、仕事で英語を使っていた当時のことをお伺いします。なお、現在使っている方は、現在の状況についてお答えください。
・ここからの4問は、あなたが知っている「英語を使って仕事をしている人」の【職種】【業種】【役職】【英語を使っている場面】についてお伺いします。ご自身がいちばん知っている方を思い浮かべながら、4問を通じて、ご回答をお願いします。

II-1 「社会人の英語使用実態調査」の目的　149

調査対象②:「一般の日本人」のグループ

「世間一般のイメージ」に関する回答者として、下記条件に合う416人を選んだ。
1. 日本の人口構成の年齢・男女比に応じて抽出した年齢20〜59歳の男女
2. 有職者(パート・アルバイトを除く)
3. インターネット調査に回答可能な人

回答者抽出の条件にはしなかったが、この416人の英語に関しての属性は以下のとおりだった。TOEIC®テスト未受験者またはスコア不明者が72.1%、英語をプライベート、ビジネスともに「まったく」あるいは「あまり」使っていない人が全体の80%以上を占めている(図4・図5)。ビジネスで英語を使っている人は16.1%であり、寺沢(2013)の約10〜25%と一致する。

図4 ● 一般イメージ調査対象者のTOEIC®スコア分布 (N=416)

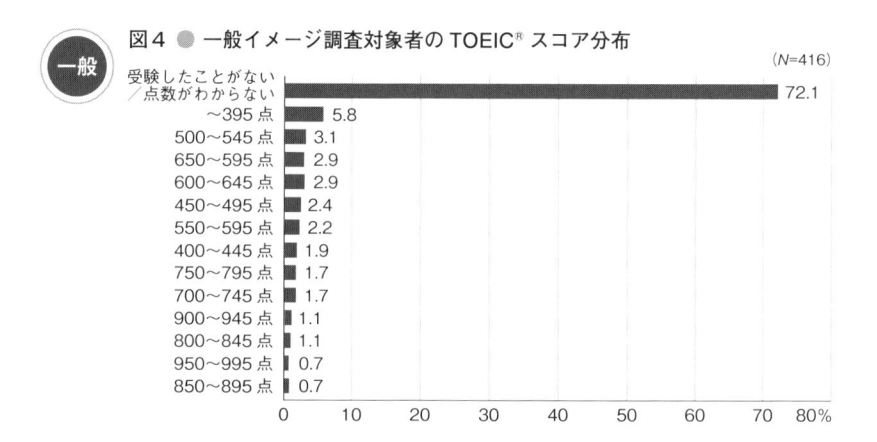

	%
受験したことがない/点数がわからない	72.1
〜395点	5.8
500〜545点	3.1
650〜595点	2.9
600〜645点	2.9
450〜495点	2.4
550〜595点	2.2
400〜445点	1.9
750〜795点	1.7
700〜745点	1.7
900〜945点	1.1
800〜845点	1.1
950〜995点	0.7
850〜895点	0.7

図5 ● 一般イメージ調査対象者の英語使用状況

■まったく使っていない　■あまり使っていない　■ときどき使っている　■頻繁に使っている

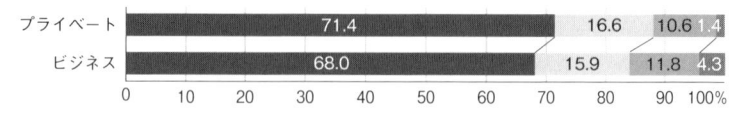

	まったく	あまり	ときどき	頻繁
プライベート	71.4	16.6	10.6	1.4
ビジネス	68.0	15.9	11.8	4.3

※次ページより続く「調査結果」では、仕事で英語を使っている人の実態と、一般の人が抱いている「仕事で英語を使う人」のイメージを対照させて見ていく。ここでは、仕事で英語を使う人たちを「実態グループ」、世間のイメージを問うた人たちを「一般グループ」と呼ぶ。

II-2
「社会人の英語使用実態調査」の結果

Contents

01 英語を仕事で使う社会人の多くは、
   一定の不自由さを抱えながらも英語を使っている　152
02 仕事で英語を使っているのは、
   「技術」「企画」「総務」など内勤系の人　155
03 英語を使っている人は
   「製造業」に就いている人が多い　159
04 スコアに関わりなく、「メールを書く」
   「電話で話す」ことが圧倒的に多い　162
05 英語を使う仕事の相手は必ずしも
   ネイティブスピーカーとは限らない　167
06 仕事で英語を使う人の多くは、
   国内でのみ学習してきた　173
07 仕事で英語を使う人の
   9割近くが英語学習を継続　177
08 世間のイメージと実態の
   ギャップはどこに？　181
09 日本人にとって有用な
   「仕事の英語CAN-DO List」を開発、提示する　184

01.
英語を仕事で使う社会人の多くは、一定の不自由さを抱えながらも英語を使っている

> **調査結果**
>
> 一般イメージとは異なり、仕事で英語をさほど不自由なく使いこなしているのは一部の人のみである。

　「仕事で英語を使う人」に対する一般の人のイメージと実際では、ずれがある、ということがデータで示された。

　本調査では「英語を使ってできること」について、以下のように多肢択一方式で質問した。

(実態グループへの質問)
仕事で英語を使っていた当時の英語レベルはどちらになりますか。
※複数あてはまる場合は、直近のことについて最も近いものをお選びください。
※現在使っている方は、現在の状況についてお答えください。

(一般グループへの質問)
「英語を使って仕事をしている人」と聞いて、あなたは一般的に最低どのくらいの英語レベルの人をイメージしますか。
※複数あてはまる場合は、最も近いと思うものをお選びください。

　その結果、一般グループと実態グループでは、次の2点について大きく異なっていることがわかった（図6）。

【文法・構造上の誤りがほとんどなく、効果的なコミュニケーションができる】：実態6.9%、一般26.7%

【挨拶などの簡単な日常会話ができる】：実態21.5%、一般7.0%

　一般イメージに反して、「仕事で英語を使う人」のうち、「効果的」または「適切」に英語を使いこなしているのは一部の人（22.9%）ということが図6から読み取れる。つまり、**仕事で英語を使う社会人の多くは、一定の不自由さを抱えながらも英語を使っている**のである。

図6 「英語を使ってできること」の実態と一般イメージの比較

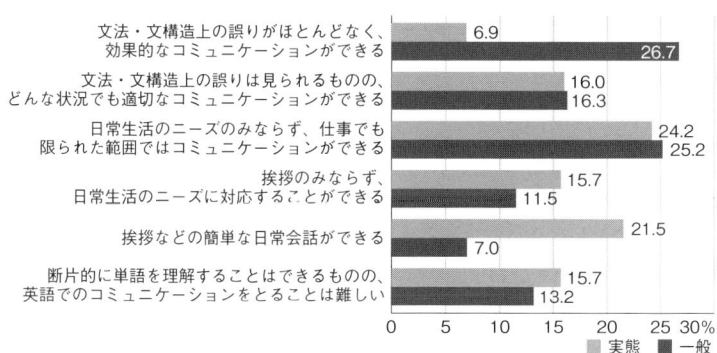

項目	実態	一般
文法・文構造上の誤りがほとんどなく、効果的なコミュニケーションができる	6.9	26.7
文法・文構造上の誤りは見られるものの、どんな状況でも適切なコミュニケーションができる	16.0	16.3
日常生活のニーズのみならず、仕事でも限られた範囲ではコミュニケーションができる	24.2	25.2
挨拶のみならず、日常生活のニーズに対応することができる	15.7	11.5
挨拶などの簡単な日常会話ができる	21.5	7.0
断片的に単語を理解することはできるものの、英語でのコミュニケーションをとることは難しい	15.7	13.2

さらに、「英語を使ってできること」に関してTOEIC®スコア別に実態グループ825人の自己評価を見てみると図7のようになる（表3は図7の元となる数値）。スコアが低い層も英語を使用しているが、【日常生活のニーズのみならず、仕事でも限られた範囲ではコミュニケーションができる】というのは600～855点の層の割合が高い。

図7・表3 TOEIC®スコア別「英語を使ってできること」

A：断片的に単語を理解することはできるものの、英語でのコミュニケーションをとることは難しい
B：挨拶などの簡単な日常会話が可能
C：挨拶のみならず、日常生活のニーズに対応することが可能
D：日常生活のニーズのみならず、仕事でも限られた範囲ではコミュニケーションができる
E：文法・構造上の誤りは見られるものの、どんな状況でも適切なコミュニケーションが可能
F：文法・文構造上の誤りがほとんどなく、効果的なコミュニケーションが可能

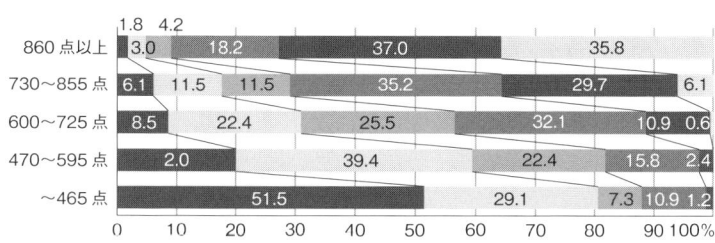

点数	人数	A	B	C	D	E	F
全体	825	15.7	21.5	15.7	24.2	16.0	6.9
860以上	124	1.8	3.0	4.2	18.2	37.0	35.8
730～855	195	6.1	11.5	11.5	35.2	29.7	6.1
600～725	210	8.5	22.4	25.5	32.1	10.9	0.6
470～595	174	20.0	39.4	22.4	15.8	2.4	0.0
～465	122	51.5	29.1	7.3	10.9	1.2	0.0

(%)

図7から明らかなように、TOEIC®のスコアレンジが上がっていくにつれ、高度な内容の「英語を使ってできること」の割合が上がっている。特徴的なのは以下の点である。
・【文法・文構造上の誤りは見られるものの、どんな状況でも適切なコミュニケーションが可能】との回答が増えるのは730点以上グループである。
・【日常生活のニーズのみならず、仕事でも限られた範囲でコミュニケーションができる】の割合が最多なのは「730〜855点」の35.2％、次いで「600〜725点」の32.1％である（465点以下でも10.9％いる）。
・「465点以下」の自己評価で最も多いのは【断片的に単語を理解することはできるものの、英語でのコミュニケーションをとることは難しい】で51.5％、【挨拶などの簡単な日常会話が可能】は29.1％である。このグループも仕事で英語を使っていることが前提であることを考え合わせると、**仕事で英語を使って「話す」「書く」場合には、自分の仕事分野において既知であり、頻繁に出合う、ある程度定型的な英語を使っているのかもしれない。**

考察＋α

　今回の結果で【ほとんど誤りなく効果的なコミュニケーションが可能】な人は、TOEIC®860点以上で35.8％だった。「アルク英語教育実態レポート 2014」（株式会社 アルク, 2014）によると、株式会社アルクが運営する電話で行う英語のスピーキングテストであるTelephone Standard Speaking Test (TSST) において【ほとんど誤りなく効果的なコミュニケーションが可能】なレベルは、レベル8か9である（TSSTのレベルは初級から上級までレベル1からレベル9まで）。
　TSSTのレベル8と9の人は過去のTSST受験者全体の2.0％で、TOEIC®スコアレンジは750点以上でばらつきが見られるが、平均は900点程度である。割合は異なるものの、これと本調査の結果は一貫している。どちらの結果からも、**英語を使う社会人の多くは、一定の不自由さは感じつつも英語を使っている**ということが言える。

02. 仕事で英語を使っているのは、「技術」「企画」「総務」など内勤系の人

調査結果

> 仕事で英語を使っている人の職種には、「技術」「企画」「総務」など「内勤系」が多く、一般的にイメージされがちな「海外営業・事業」はわずかであった。

「仕事で英語を使う人の職業」として**一般の人が思い描くイメージと、実際に「仕事で英語を使う人」の職業は異なる**傾向があるようだ。一般の人は「仕事で英語を使う人」というと、【海外営業・事業】【通訳職】【翻訳職】などに就いているのでは、と考えているが、実際は【技術職】【企画・営業・マーケティング職】【総務・人事】【研究職】などのいわゆる内勤系の職種が多いのだ。

本調査では「職種」について、以下のように多肢択一方式で質問した。

(実態グループへの質問)

仕事で英語を使っていた当時の職種はどちらになりますか。

※複数あてはまる場合は、直近の職種についてお選びください。
※「英語を使う」とは英語を「話す」または英語を「書く」ことを指します。
※現在使っている方は、現在の状況についてお答えください。
※複数あてはまる場合は、直近のことについて最も近いものをお選びください。

(一般グループへの質問)

あなたが知っている「英語を使って仕事をしている人」の職種をお選びください。

図8 ● TOEIC®スコア別「仕事で英語を使う人の職種」

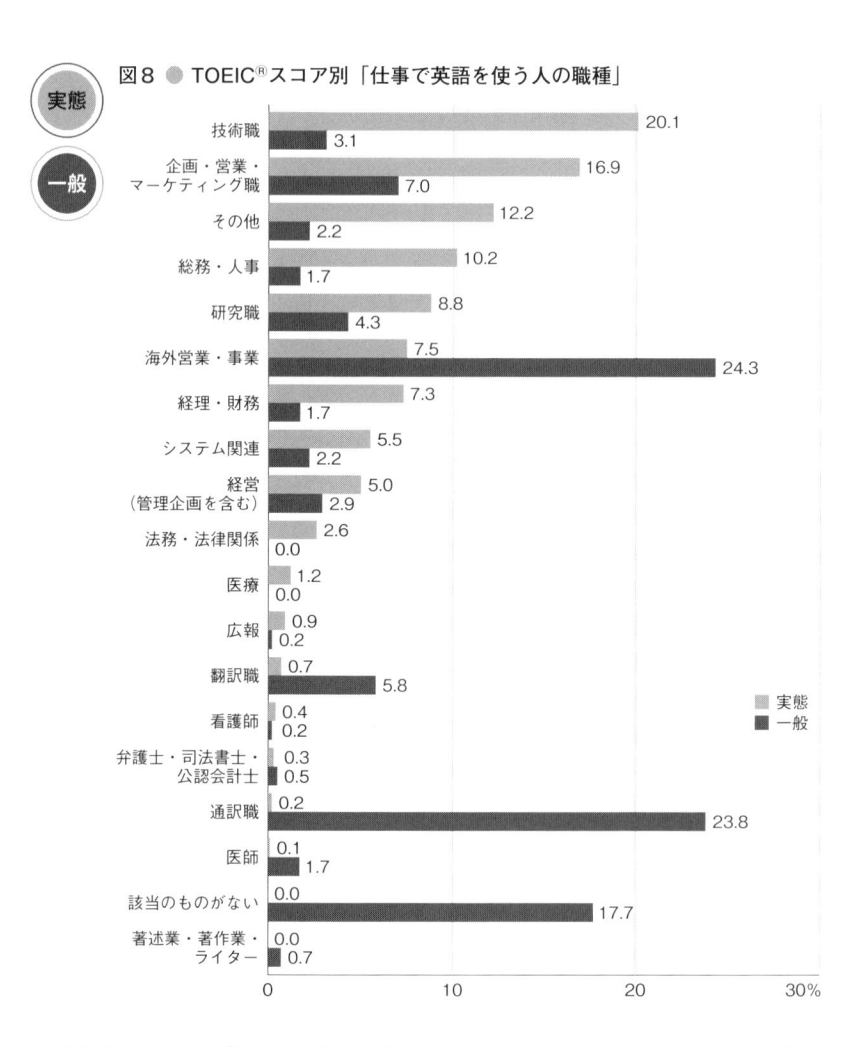

職種	実態	一般
技術職	20.1	3.1
企画・営業・マーケティング職	16.9	7.0
その他	12.2	2.2
総務・人事	10.2	1.7
研究職	8.8	4.3
海外営業・事業	7.5	24.3
経理・財務	7.3	1.7
システム関連	5.5	2.2
経営（管理企画を含む）	5.0	2.9
法務・法律関係	2.6	0.0
医療	1.2	0.0
広報	0.9	0.2
翻訳職	0.7	5.8
看護師	0.4	0.2
弁護士・司法書士・公認会計士	0.3	0.5
通訳職	0.2	23.8
医師	0.1	1.7
該当のものがない	0.0	17.7
著述業・著作業・ライター	0.0	0.7

　図8を見ると、一般イメージと実態が異なっていることがわかる。違いが顕著な職種を以下に挙げる。

【海外営業・事業】：実態7.5%、一般24.3%
【技術職】：実態20.1%、一般3.1%
【企画・営業・マーケティング職】：実態16.9%、一般7.0%
【総務・人事】：実態10.2%、一般1.7%

また、図8の「実態」の数字は「仕事で英語を使う人」825人の内訳だが、このうち30人以上が属する「職種」は次の8つである。

技術職／企画・営業・マーケティング職／総務・人事／研究職／海外営業・事業／経理・財務／システム関連／経営（管理企画を含む）

上記の8つの職種について、TOEIC®スコアの分布を表したのが図9である（表4は図9の元となる数値）。前述の8種以外の職種は「その他」としてまとめた。

実態 図9・表4 ● TOEIC®スコア別「仕事で英語を使う人の職種」

A：■ 技術職　B：■ 企画・営業・マーケティング職　C：■ 総務・人事
D：■ 研究職　E：■ 海外営業・事業　F：■ 経理・財務
G：■ システム関連　H：■ 経営（管理企画を含む）　I：■ その他

点数	人数	A	B	C	D	E	F	G	H	I
人数	825	166	139	84	73	62	60	46	42	153
全体		20.1	16.9	10.2	8.8	7.5	7.3	5.5	5.0	18.6
860以上	124	6.1	14.5	8.5	9.1	13.3	9.1	6.1	10.3	23.0
730〜855	195	10.9	19.4	12.1	9.1	9.7	8.5	5.5	6.7	18.2
600〜725	210	17.0	21.2	14.5	9.1	5.5	7.3	5.5	3.0	17.0
470〜595	174	29.7	14.5	6.7	9.1	6.1	6.1	6.7	2.4	18.8
〜465	122	40.6	10.9	6.7	7.3	3.6	5.5	3.6	4.2	17.6

(%)

相対的に低スコア層が厚いのは【技術職】、高スコア層が厚いのは【海外営業・事業】【経営（管理企画を含む）】だということがわかる。600～855点の層では【企画・営業・マーケティング】【総務・人事】の割合が、他の層よりやや高くなっている。特徴をまとめると以下のようになる。

【技術職】：TOEIC®テスト全体のスコア分布を反映し高スコア者ほど少数になっている〈ピラミッド型〉

【海外営業・事業】【経営】【経理・財務】：高スコア者が多い〈逆ピラミッド型〉

【システム関連】【研究職】：どのスコア層もほぼ均等の分布になっている

【企画・営業・マーケティング職】【総務・人事】：相対的に高得点者層が厚いが、860点以上の人ではやや減少傾向がある

考察＋α

本調査では、【技術職】【企画・営業・マーケティング】【総務・人事】【研究職】で英語を使っている人が多かった。小池他（2010）とJACET EBP・IIBC（2014）では使用したカテゴリーが異なるため完全には一致しなかったが、小池他では技術職が最も多く（21.5％）、研究・開発も多かった（14.0％）。これは本調査と一致している。また、本調査で「多様な職種で英語を使っている」ことがわかったが、これは小池他、JACET EBP・IIBC、いずれでも見られた結果である。

03 英語を使っている人は「製造業」に就いている人が多い

> **調査結果**
>
> 一般の人は「仕事で英語を使う人」は「翻訳・通訳」「商社・卸売業」に就いていると考える人が多かったが、実際は「製造業」がいちばん多かった。

　前述の調査結果02では、「職種」について一般イメージと実態にギャップがあったことが示されたが、今度は「業種」についての調査である。一般イメージと実態を聞いたところ、「業種」についても、いくつかについて大きなギャップが見られた。

　一般イメージでは、「英語を仕事で使う人」は【翻訳・通訳】【商社・卸売業】に従事しているのでは、という結果が出たが、実際には、それらに従事している人はそれほど多くなかったのである。また、一般の人は「仕事で英語を使う人」の業種として【製造業】をイメージした人は少なかったが、実際には逆の結果を示した。

　本調査では「業種」について、以下のように多肢択一方式で質問した。

（実態グループへの質問）

仕事で英語を使っていた当時の業種はどちらになりますか。

※複数あてはまる場合は、直近の業種についてお選びください。

（一般グループへの質問）

あなたが知っている「英語を使って仕事をしている人」の職種をお選びください。

図10 ●「仕事で英語を使う人の業種」の実態と一般イメージの比較

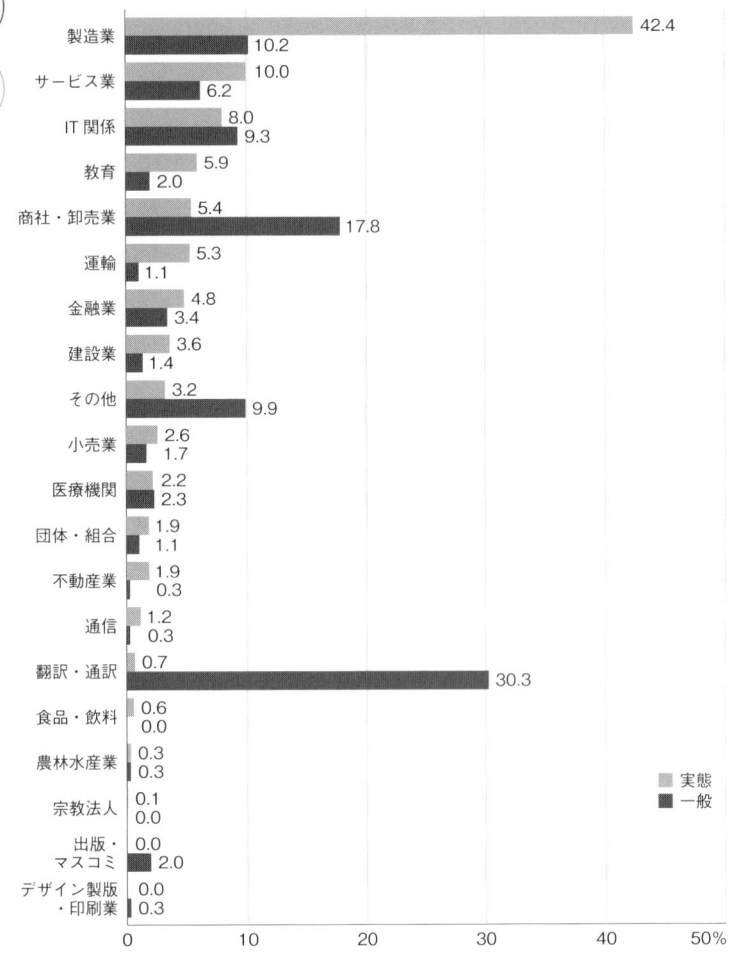

業種	実態	一般
製造業	42.4	10.2
サービス業	10.0	6.2
IT関係	8.0	9.3
教育	5.9	2.0
商社・卸売業	5.4	17.8
運輸	5.3	1.1
金融業	4.8	3.4
建設業	3.6	1.4
その他	3.2	9.9
小売業	2.6	1.7
医療機関	2.2	2.3
団体・組合	1.9	1.1
不動産業	1.9	0.3
通信	1.2	0.3
翻訳・通訳	0.7	30.3
食品・飲料	0.6	0.0
農林水産業	0.3	0.3
宗教法人	0.1	0.0
出版・マスコミ	0.0	2.0
デザイン製版・印刷業	0.0	0.3

図10にあるように、一般イメージとギャップが大きい業種は【製造業】【商社・卸売業】【翻訳・通訳】であった。

【製造業】：実態42.4％、一般10.2％
【商社・卸売業】：実態5.4％、一般17.8％
【翻訳・通訳】：実態0.7％、一般30.3％

なお、一般グループで【翻訳・通訳】が突出しているのは、「あなたが知っている『英語を使って仕事をしている人』」を自分の知人ではなく一般的職業を連

想して回答した可能性も考えられる。

また、図10の「実態」の数字は「仕事で英語を使っている人」825人の内訳だが、このうち30人以上が属する「業種」は次の8つである。

製造業／サービス業／IT関係／教育／商社・卸売業／運輸業／金融業／建設業

上記の8つの職種について、TOEIC®スコアの分布を表したのが図11である（表5は図11の元となる数値）。前述の8種以外の職種は「その他」としてまとめた。

実態 図11・表5 ● TOEIC®スコア別「仕事で英語を使う人の業種」

A：製造業　B：サービス業　C：IT関係　D：教育　E：商社・卸売業
F：運輸　G：金融業　H：建設業　I：その他

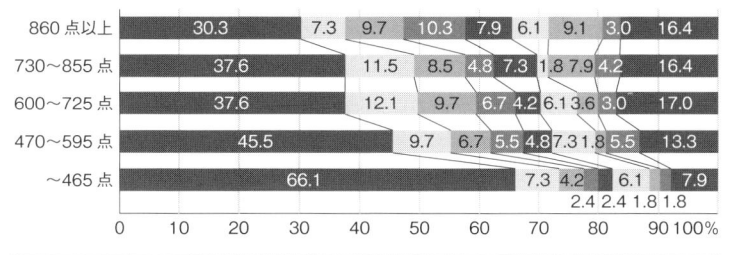

点数	人数	A	B	C	D	E	F	G	H	I
人数	825	349	83	66	49	44	44	40	30	120
全体		42.4	10.0	8.0	5.9	5.4	5.3	4.8	3.6	14.6
860以上	124	30.3	7.3	9.7	10.3	7.9	6.1	9.1	3.0	16.4
730〜855	195	37.6	11.5	8.5	4.8	7.3	1.8	7.9	4.2	16.4
600〜725	210	37.6	12.1	9.7	6.7	4.2	6.1	3.6	3.0	17.0
470〜595	174	45.5	9.7	6.7	5.5	4.8	7.3	1.8	5.5	13.3
〜465	122	66.1	7.3	4.2	2.4	2.4	6.1	1.8	1.8	7.9

(%)

業種別にTOEIC®スコア分布（図11）を見ると、**特徴があるのは【製造業】【教育】【商社・卸売業】【金融業】である**。その他の業種では特定のスコア層に大きな偏りは見られない。特徴をまとめると以下のようになる。

【製造業】：TOEIC®テスト全体のスコア分布を反映し、高スコア者ほど少数になっている〈ピラミッド型〉

【教育】【商社・卸売業】【金融業】：高スコア者が多い〈逆ピラミッド型〉

04

スコアに関わりなく、「メールを書く」「電話で話す」ことが圧倒的に多い

調査結果

仕事で英語を使うのが多い順は、「メール」「電話」「会議での発言」の場面。
実際の「交渉」「プレゼン」は、一般に思われているよりも頻度が少ない。

「仕事で英語を使う人」にその使用場面について聞いた。図12はその結果と、一般の人が抱くイメージをまとめたものである。【メールを書く】【交渉する】【プレゼンを行う】の項目について、実態グループと一般グループで比較的大きなかい離があることが見て取れる。なお、一般グループが【交渉する】【プレゼンを行う】の項目で実態グループを大きく上回っているのは、「人前で話す」ことが英語で仕事をするイメージと結びついているためと思われる。

本調査では「仕事で英語を使う人」の英語使用場面について以下のように質問した。複数該当する場合は複数選んでもらった。

(実態グループへの質問)

あなたが、直近1年以内で、仕事で英語を使った(話す、書く)シーンをすべてお選びください。

※英語を「話す」「書く」に限定してお答えください。

(一般グループへの質問)

あなたが知っている「英語を使って仕事をしている人」は、どのような場面・シーンで英語を使っていますか。あてはまるものをすべてお選びください。

図12 ●「英語を使ってできること」の実態と一般イメージの比較

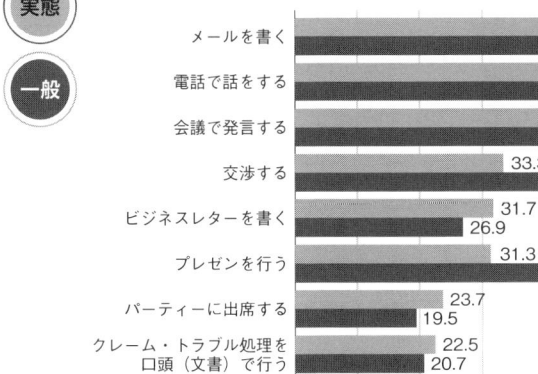

項目	実態	一般
メールを書く	77.8	53.0
電話で話をする	61.2	64.0
会議で発言する	48.4	44.8
交渉する	33.3	56.1
ビジネスレターを書く	31.7	26.9
プレゼンを行う	31.3	43.1
パーティーに出席する	23.7	19.5
クレーム・トラブル処理を口頭（文書）で行う	22.5	20.7
企画書・報告書を書く	22.5	26.6
FAXで用件を書き送る	13.8	16.7
その他	5.4	66.0

　仕事で英語を使う人のうち、英語の【メールを書く】ことがある人は77.8％であるが、一般イメージでは53.0％となり低い。逆に、英語で【交渉する】ことがある人は33.3％だが、一般イメージでは56.1％と高い。【プレゼンを行う】人も実際は31.3％だが、一般イメージでは43.1％である（図12）。違いの顕著な例を以下に挙げる。

【メールを書く】：実態77.8％、一般53.0％
【交渉する】：実態33.3％、一般56.1％
【プレゼンを行う】：実態31.3％、一般43.1％

　なお、一般グループの【その他】が66.0％と多いことが図からわかるが、具体的に記述があったのはそのうち一部で、次のようなものである。接客（2名）、翻訳（2名）、学会での発表（1名）、授業（1名）、パイロットに指示を出す（1名）、英語の書類を読む（1名）など。

　次に実態グループの英語使用場面をTOEIC®スコアレンジごとに比較してみた。それを示すのが図13である（表6は図13の元となる数値）。スコアに関わりなく英語を使っている場面（【メールを書く】）と、高スコア者ほど多く担当する場面（【プレゼンを行う】【会議で発言する】など）とに分かれている実態が見える。

実態

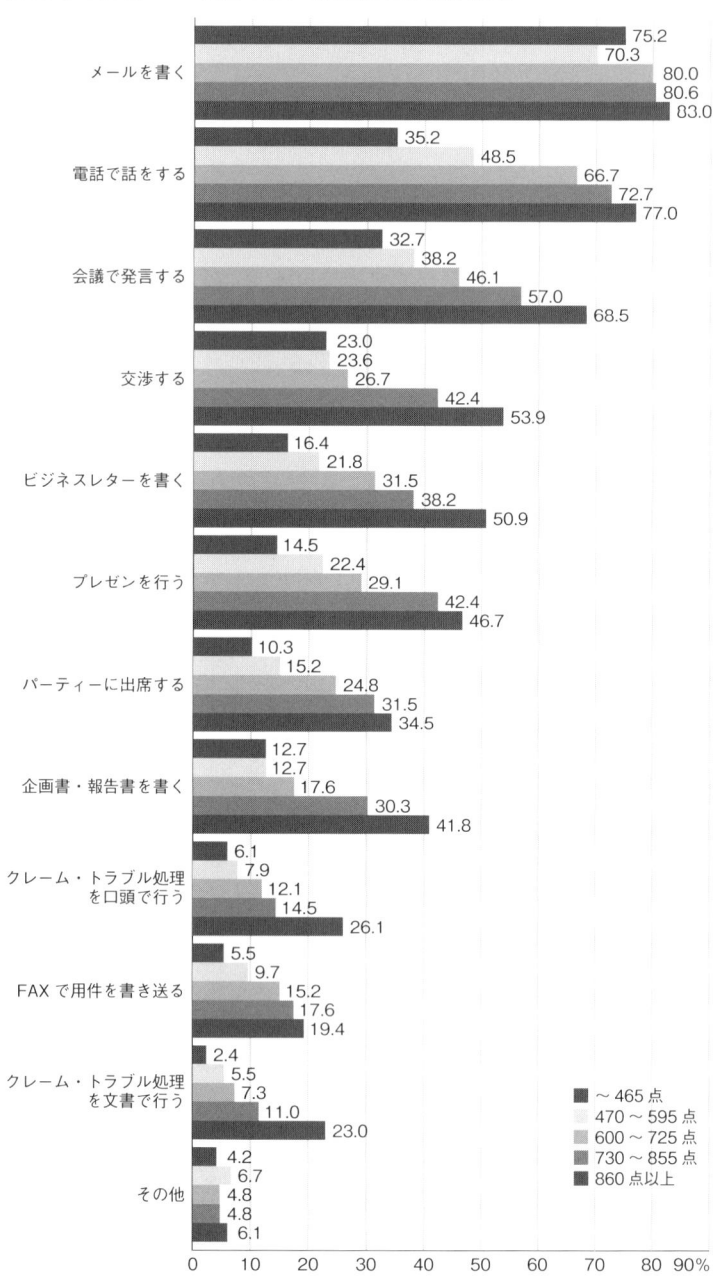

図13 ● TOEIC®スコア別「仕事で英語を使う使用場面」

使用場面	～465点	470～595点	600～725点	730～855点	860点以上
メールを書く	75.2	70.3	80.0	80.6	83.0
電話で話をする	35.2	48.5	66.7	72.7	77.0
会議で発言する	32.7	38.2	46.1	57.0	68.5
交渉する	23.0	23.6	26.7	42.4	53.9
ビジネスレターを書く	16.4	21.8	31.5	38.2	50.9
プレゼンを行う	14.5	22.4	29.1	42.4	46.7
パーティーに出席する	10.3	15.2	24.8	31.5	34.5
企画書・報告書を書く	12.7	12.7	17.6	30.3	41.8
クレーム・トラブル処理を口頭で行う	6.1	7.9	12.1	14.5	26.1
FAXで用件を書き送る	5.5	9.7	15.2	17.6	19.4
クレーム・トラブル処理を文書で行う	2.4	5.5	7.3	11.0	23.0
その他	4.2	6.7	4.8	4.8	6.1

164

実態 表6 ● TOEIC®スコア別「仕事で英語を使う使用場面」

A：メールを書く　B：電話で話をする　C：会議で発言する　D：交渉する
E：ビジネスレターを書く　F：プレゼンを行う　G：パーティーに出席する
H：企画書・報告書を書く　I：クレーム・トラブル処理を口頭で行う　J：FAXで用件を書き送る
K：クレーム・トラブル処理を文書で行う　L：その他

点数	人数	A	B	C	D	E	F	G	H	I	J	K	L
全体	825	77.8	61.2	48.4	33.3	31.7	31.3	23.7	22.5	13.0	13.8	9.5	5.3
～465	122	75.2	35.2	32.7	23.0	16.4	14.5	10.3	12.7	6.1	5.5	2.4	4.2
470～595	174	70.3	48.5	38.2	23.6	21.8	22.4	15.2	12.7	7.9	9.7	5.5	6.7
600～725	210	80.0	66.7	46.1	26.7	31.5	29.1	24.8	17.6	12.1	15.2	7.3	4.8
730～855	195	80.6	72.7	57.0	42.4	38.2	42.4	31.5	30.3	14.5	17.6	11.5	4.8
860以上	124	83.0	77.0	68.5	53.9	50.9	46.7	34.5	41.8	26.1	19.4	23.0	6.1

(%)

　また、【メールを書く】はどのスコアレンジの人も高い割合で行っており、スコアレンジによる差は小さいことも見て取れる。一方、【電話で話をする】【会議で発言する】はどのスコアレンジの人も行っているが、スコアレンジによる差が大きく、高スコアの人ほど、多い。

　さらに、【交渉する】【ビジネスレターを書く】【プレゼンを行う】【パーティーに出席する】【企画書・報告書を書く】【クレーム・トラブル処理】などの業務は、スコアレンジが高くなるに従って担当する割合が増えていることも特徴的である。英語能力が高まるのに応じて行う業務の範囲が広がっているのがうかがえる。

考察＋α

　調査結果01（図7）によると、TOEIC®スコア465点以下の人は、「英語を使ってできること」を尋ねた際、合計して87.9％の人が【断片的に単語を理解することはできるものの、英語でのコミュニケーションをとることは難しい】【挨拶などの簡単な日常会話が可能】または【挨拶のみならず、日常生活のニーズに対応することが可能】と答えていた。これだけ見ると、ほとんどの人が仕事で英語を使うことはなさそうに見える。しかし、調査結果04（図13）からわかったのは、465点以下の人の中にも、【メール】【電話】【会議】【交渉】を行っている人が少なからずいたということである（23.0～75.2％）。このことより465点以下の人は、仕事で英語を使うのは苦手だが、使わなくてはならない状況では使用頻度の高いパターン表現を使ったり同僚の力を借りたりして、仕事を進めているのではないかと推測できる。

なお、本調査と小池他（2010）の間では、割合の点で違いが見られた。小池他では仕事で必要となる場面は、聞く・話す場合、電話（71.3％）、会議（63.4％）、交渉（49.9％）の順で、書く場合では、メール（90.7％）、ビジネスレター（47.0％）、報告書（41.2％）の順だった。これは、本調査の割合よりもすべて高くなっている（例：本調査では電話61.2％、小池他では71.3％）。この違いは、2つの調査の対象者の違いから来るものかもしれない。本調査は、英語を使って仕事をする層に広く依頼したが、小池他では国際ビジネスに関わる人が対象だった。そのため、小池他の結果には、英語による業務がより多い人の使用場面が表れたと考えられる。

　また、本調査の一般イメージと小池他（2010）を比較すると、小池他の結果のほうが、英語使用が全体的により高い割合になっている（例：本調査では電話64.0％、小池他では71.3％）。これは、一般の人が考える以上に、国際ビジネスに関わる人の仕事の場面では英語を使ってのやりとりがあるということだろう。例外は【交渉する】の場面で、本調査の一般イメージでは56.1％だったが、小池他では49.9％とやや低めだ。一般イメージでは、【交渉する】場面は、【電話で話す】（64.0％）の次に高い（56.1％）。仕事で英語を使うイメージの典型的なものとして、電話と交渉が思い浮かべられているのは、テレビドラマの影響があったり、一般の人にはイメージしやすかったりするからなのかもしれない。

　ベネッセ教育総合研究所（2014）によると、中高生は、将来の英語の必要性は感じているものの、実際に自分が使ったり、使えるぐらいの英語力を持ったりするイメージを持ちにくい、ということがわかる。本調査の一般イメージと考え合わせると、その理由のひとつとして次のようなことも考えられないだろうか。中高生にとって「仕事で英語を使う」というイメージが「電話と交渉を英語で行う」といった複雑で難しそうなものであり、「そこまでは自分は仕事でしない、またできるようにはならない」と思ってしまっているのではないかと。

　しかし、本調査における実態グループでの【電話で話す】の頻度は61.2％と高いものの、【交渉する】は33.3％と低かった。ここから言えるのは、**実際の仕事での英語使用の場面は、単純なものから複雑なものまであること、単純なものならば、より多くの人が仕事で行う可能性があるということである。このことを「将来英語を仕事で使うことはない」と考えている中高生に伝えることは重要だと思われる**。特にTOEIC®スコアが465点以下のような英語が非常に得意とはいいにくい人でも、仕事で英語のメールを書くことは75.2％が行っている事実は、将来の仕事での英語使用を身近に感じさせてくれるかもしれない。

05

英語を使う仕事の相手は必ずしもネイティブスピーカーとは限らない

> **調査結果**
>
> 英語を使って仕事をする相手として、ネイティブスピーカー、ノンネイティブスピーカーの割合に大きな開きはない。英語を使って、どんな相手に「何をするか」は英語能力に応じてその内容が変化している。

　日本人が英語を使って仕事をする相手については、英語を「話す」場合と「書く」場合で、全体的に同じような傾向が示された。

　この項目は仕事で英語を使った825人に対してのみ質問した。

（実態グループへの質問）

　あなたは、直近1年以内で、英語で以下のお仕事を行ったとき、その相手はどのような方でしたか。頻繁に仕事をした相手をすべて想定して、あてはまる方をすべてお選びください。

　業務内容ごとに仕事相手を「英語圏の人（ネイティブスピーカー）／非英語圏の人（ノンネイティブスピーカー）／英語圏の人か非英語圏の人かわからない」から選んでもらった。なお、相手の母語はわからないことが多いため、英語圏の人か否かで、ネイティブスピーカー、ノンネイティブスピーカーの区別とした。

　図14と図15はTOEIC®スコアごとに仕事相手についてまとめたものである（表7と8は図14、15の元となる数値）。**英語を使う仕事の相手として、ネイティブスピーカーとノンネイティブスピーカーが占める割合に大差がないことが読み取れる。これは、英語を使って仕事を進めている日本の経済活動の現実を反映しているものと思われる。**

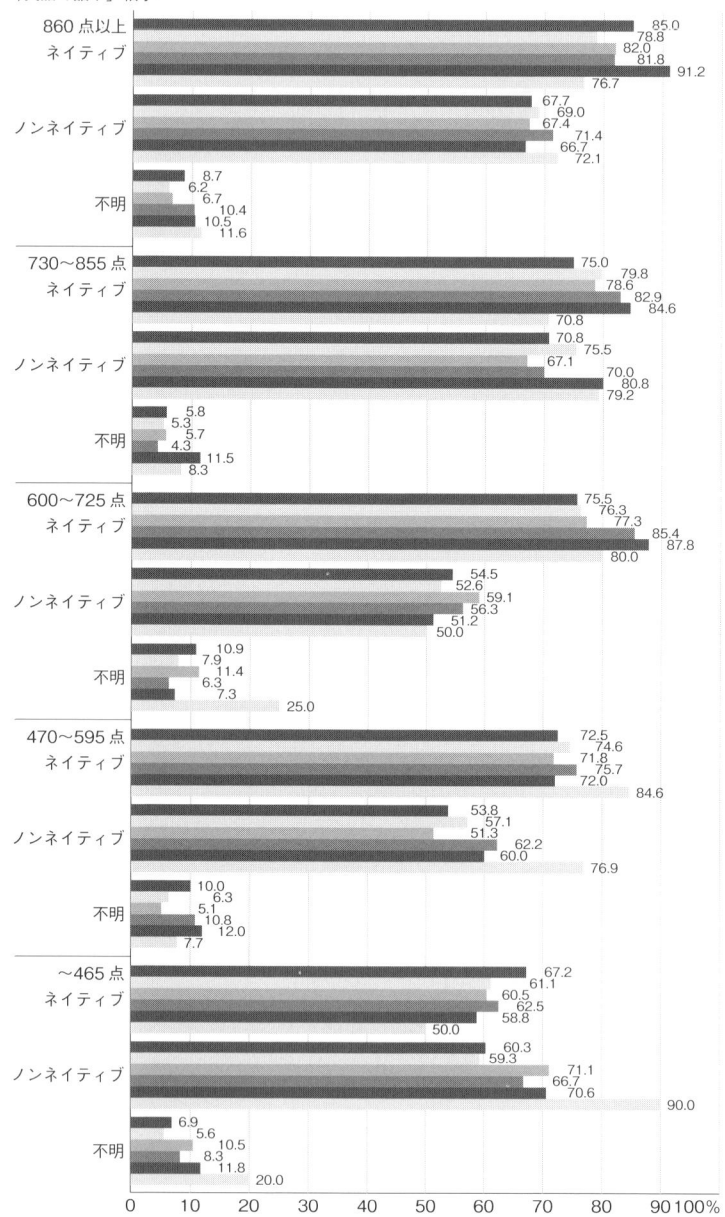

図14 ● TOEIC®スコア別「仕事で英語を話す場合の相手」の実態

A：■ 電話で話をする　B：□ 会議で発言する　C：■ 交渉する　D：■ プレゼンを行う
E：■ パーティーに出席する　F：□ クレーム・トラブル処理を口頭で行う

「英語で話す」相手

860 点以上
ネイティブ
- A: 85.0
- B: 78.8
- C: 82.0
- D: 81.8
- E: 76.7
- F: 91.2

ノンネイティブ
- A: 67.7
- B: 69.0
- C: 67.4
- D: 71.4
- E: 66.7
- F: 72.1

不明
- A: 8.7
- B: 6.2
- C: 6.7
- D: 10.4
- E: 10.5
- F: 11.6

730～855 点
ネイティブ
- A: 75.0
- B: 79.8
- C: 78.6
- D: 82.9
- E: 84.6

ノンネイティブ
- A: 70.8
- B: 75.5
- C: 67.1
- D: 70.0
- E: 80.8
- F: 79.2

不明
- A: 5.8
- B: 5.3
- C: 5.7
- D: 4.3
- E: 11.5
- F: 8.3

600～725 点
ネイティブ
- A: 75.5
- B: 76.3
- C: 77.3
- D: 85.4
- E: 87.8
- F: 80.0

ノンネイティブ
- A: 54.5
- B: 52.6
- C: 59.1
- D: 56.3
- E: 51.2
- F: 50.0

不明
- A: 10.9
- B: 7.9
- C: 11.4
- D: 6.3
- E: 7.3
- F: 25.0

470～595 点
ネイティブ
- A: 72.5
- B: 74.6
- C: 71.8
- D: 75.7
- E: 72.0
- F: 84.6

ノンネイティブ
- A: 53.8
- B: 57.1
- C: 51.3
- D: 62.2
- E: 60.0
- F: 76.9

不明
- A: 10.0
- B: 6.3
- C: 5.1
- D: 10.8
- E: 12.0
- F: 7.7

～465 点
ネイティブ
- A: 67.2
- B: 61.1
- C: 60.5
- D: 62.5
- E: 58.8
- F: 50.0

ノンネイティブ
- A: 60.3
- B: 59.3
- C: 71.1
- D: 66.7
- E: 70.6
- F: 90.0

不明
- A: 6.9
- B: 5.6
- C: 10.5
- D: 8.3
- E: 11.8
- F: 20.0

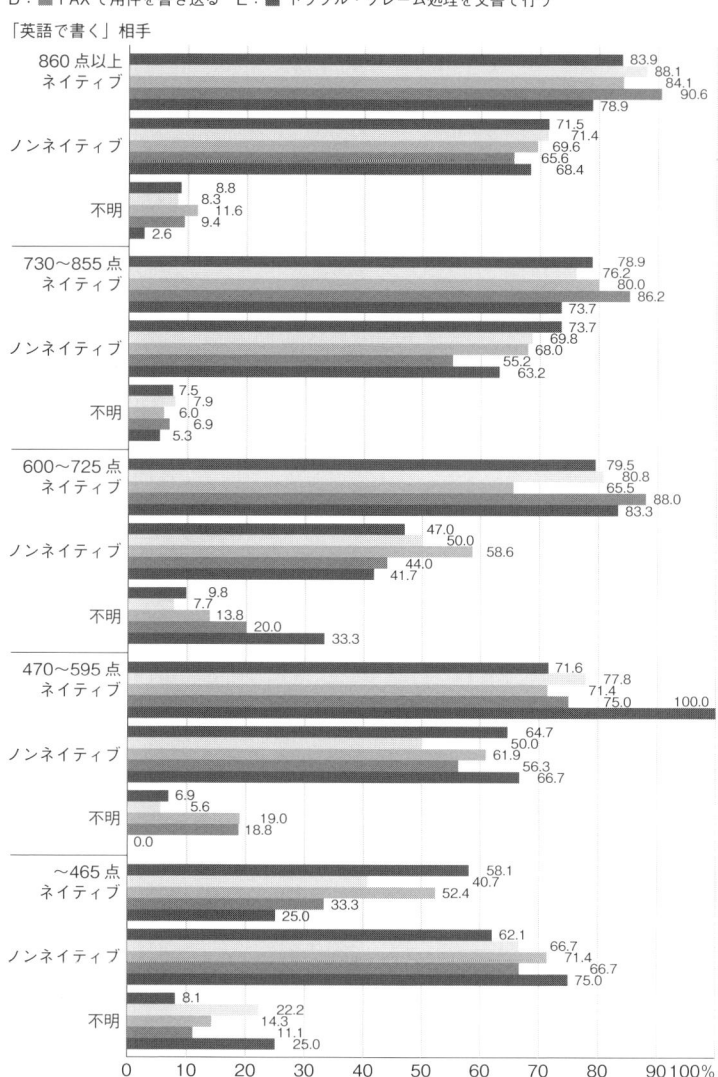

図15 ● TOEIC®スコア別「仕事で英語を書く場合の相手」の実態

A：メールを書く　B：ビジネスレターを書く　C：企画書・報告書を書く
D：FAXで用件を書き送る　E：トラブル・クレーム処理を文書で行う

「英語で書く」相手

860点以上
- ネイティブ：A 83.9／B 88.1／C 84.1／D 90.6／E 78.9
- ノンネイティブ：A 71.5／B 71.4／C 69.6／D 65.6／E 68.4
- 不明：A 8.8／B 8.3／C 11.6／D 9.4／E 2.6

730〜855点
- ネイティブ：A 78.9／B 76.2／C 80.0／D 86.2／E 73.7
- ノンネイティブ：A 73.7／B 69.8／C 68.0／D 55.2／E 63.2
- 不明：A 7.5／B 7.9／C 6.0／D 6.9／E 5.3

600〜725点
- ネイティブ：A 79.5／B 80.8／C 65.5／D 88.0／E 83.3
- ノンネイティブ：A 47.0／B 50.0／C 58.6／D 44.0／E 41.7
- 不明：A 9.8／B 7.7／C 13.8／D 20.0／E 33.3

470〜595点
- ネイティブ：A 71.6／B 77.8／C 71.4／D 75.0／E 100.0
- ノンネイティブ：A 64.7／B 50.0／C 61.9／D 56.3／E 66.7
- 不明：A 6.9／B 5.6／C 19.0／D 18.8／E 0.0

〜465点
- ネイティブ：A 58.1／B 40.7／C 52.4／D 33.3／E 25.0
- ノンネイティブ：A 62.1／B 66.7／C 71.4／D 66.7／E 75.0
- 不明：A 8.1／B 22.2／C 14.3／D 11.1／E 25.0

II-2 「社会人の英語使用実態調査」の結果

表7 TOEIC®スコア別「仕事で英語を話す場合の相手」の実態

A：電話で話をする　B：会議で発言する　C：交渉する　D：プレゼンを行う
E：パーティーに出席する　F：クレーム・トラブル処理を口頭で行う

TOEIC®スコア	人数	A	B	C	D	E	F
860以上	ネイティブ	85.0	78.8	82.0	81.8	91.2	76.7
	ノンネイティブ	67.7	69.0	67.4	71.4	66.7	72.1
	不明	8.7	6.2	6.7	10.4	10.5	11.6
730～855	ネイティブ	75.0	79.8	78.6	82.9	84.6	70.8
	ノンネイティブ	70.8	75.5	67.1	70.0	80.8	79.2
	不明	5.8	5.3	5.7	4.3	11.5	8.3
600～725	ネイティブ	75.5	76.3	77.3	85.4	87.8	80.0
	ノンネイティブ	54.5	52.6	59.1	56.3	51.2	50.0
	不明	10.9	7.9	11.4	6.3	7.3	25.0
470～595	ネイティブ	72.5	74.6	71.8	75.7	72.0	84.6
	ノンネイティブ	53.8	57.1	51.3	62.2	60.0	76.9
	不明	10.0	6.3	5.1	10.8	12.0	7.7
～465	ネイティブ	67.2	61.1	60.5	62.5	58.8	50.0
	ノンネイティブ	60.3	59.3	71.1	66.7	70.6	90.0
	不明	6.9	5.6	10.5	8.3	11.8	20.0

(％)

表8 TOEIC®スコア別「仕事で英語を書く場合の相手」の実態

A：メールを書く　B：FAXで用件を書き送る　C：ビジネスレターを書く
D：企画書・報告書を書く　E：トラブル・クレーム処理を文書で行う

TOEIC®スコア	人数	A	B	C	D	E
860以上	ネイティブ	83.9	88.1	84.1	90.6	78.9
	ノンネイティブ	71.5	71.4	69.6	65.6	68.4
	不明	8.8	8.3	11.6	9.4	2.6
730～855	ネイティブ	78.9	76.2	80.0	86.2	73.7
	ノンネイティブ	73.7	69.8	68.0	55.2	63.2
	不明	7.5	7.9	6.0	6.9	5.3
600～725	ネイティブ	79.5	80.8	65.5	88.0	83.3
	ノンネイティブ	47.0	50.0	58.6	44.0	41.7
	不明	9.8	7.7	13.8	20.0	33.3
470～595	ネイティブ	71.6	77.8	71.4	75.0	100.0
	ノンネイティブ	64.7	50.0	61.9	56.3	66.7
	不明	6.9	5.6	19.0	18.8	0.0
～465	ネイティブ	58.1	40.7	52.4	33.3	25.0
	ノンネイティブ	62.1	66.7	71.4	66.7	75.0
	不明	8.1	22.2	14.3	11.1	25.0

(％)

TOEIC®のスコアレンジごとに「誰を相手に」「何をするか」を見ていく。

最初に465点以下グループに注目してみよう。英語を「話す」場合、【クレーム・トラブル処理を口頭で行う】【交渉する】などノンネイティブスピーカーを相手にする割合のほうが高い傾向がある。そして、英語を「書く」場合には、調査したすべての項目においてノンネイティブスピーカーを相手にする割合のほうが高くなっている。**これは、経済活動の「グローバル化」が進展する中で英語のノンネイティブスピーカー同士が、英語を共通言語として一定の限度内で英語を駆使して仕事を進めている実態を示していると解釈できるのではないだろうか。**

TOEIC®のスコアレンジごとに「英語を使って何をするか」の行動別に見ると、英語能力に応じた「役割分担」があるように見える。以下、3つの英語使用場面での仕事相手について、割合の大小を比べてみた。

【交渉する】場面での仕事相手

「465点以下」：

ネイティブスピーカー（60.5％）＜ノンネイティブスピーカー（71.1％）

「860点以上」：

ネイティブスピーカー（82.0％）＞ノンネイティブスピーカー（67.4％）

【メールを書く】場面での仕事相手

「465点以下」：

ネイティブスピーカー（58.1％）＜ノンネイティブスピーカー（62.1％）

「860点以上」：

ネイティブスピーカー（83.9％）＞ノンネイティブスピーカー（71.5％）

【電話で話をする】場面での仕事相手

「465点以下」：

ネイティブスピーカー（67.2％）＞ノンネイティブスピーカー（60.3％）

「860点以上」：

ネイティブスピーカー（85.0％）＞ノンネイティブスピーカー（67.7％）

● 考察＋α

　本調査では、英語を使う仕事の場面での仕事相手としては、ネイティブスピーカーとノンネイティブスピーカーともに多く、あまり差がないという結果であった。一方、JACET EBP・IIBC (2014) では、ネイティブスピーカー（英語圏出身者）よりは、ノンネイティブスピーカー（英語公用語圏出身者・日本人以外の英語外国語学習者）のほうが多かった。

　この結果の違いは、対象者層の違いとともに、質問の仕方の違いによるものと思われる。本調査では、仕事で英語を使うときの相手を、「ネイティブスピーカー」「ノンネイティブスピーカー」「わからない」の3つから選んでもらい、複数回答可とした。一方、JACET EBP・IIBC (2014)では、以下のように尋ねている。

ビジネスミーティング参加者の言語的バックグラウンドについてお答えください。地図に示された色を参考に、その色の国の出身者の数をお答えください。
※典型的な会議の様子を相手別に思い浮かべてお答えください
【日本語】
（　　）人
【英語（同等の英語力のバイリンガル含む）〈英語圏出身者〉】
（　　）人
【英語（同等の英語力のバイリンガル含む）〈英語公用語圏出身者〉】
（　　）人
【日本語・英語圏以外の言語】
（　　）人
（それぞれに人数を書き込む形式）

　そのため、人数を多く思い浮かべ、それがノンネイティブスピーカーだった場合には、より割合が多くなったと思われる。ただ、英語を使う相手はネイティブスピーカーに限らないという意味では、本調査でもJACET EBP・IIBCでも同じ結果と言える。

06 仕事で英語を使う人の多くは、国内でのみ学習してきた

> **調査結果**
>
> 「仕事で英語を使う人」の学習経験と聞いて、一般的には「海外勤務・駐在経験がある」とイメージする人が多いが、実際には、一般に思われるより海外経験が少なく、国内でのみ学習した人が半数以上を占める。

　「仕事で英語を使う人」がどのように英語能力を身につけたかについて調査したところ、一般グループでは仕事で英語を使っている人の3割以上が【海外勤務・駐在した経験がある】とイメージしているのがわかった。しかし、実態を見ると10％超にとどまっており、**業務で英語を使っている人の約6割が【主に日本国内で英語を学習した】**と回答した。

　この項目は以下のように質問した。

(実態グループ)

あなたは、これまでに、どのような学習経験を経て英語力を身につけましたか。あてはまるものをすべてお選びください。

(一般グループ)

「英語を使って仕事をしている人」と聞いて、あなたは一般的にどのような人を思い浮かべますか。あてはまるものをすべてお答えください。

※英語を「話す」「読む」「書く」「聞く」のすべてを含めてお考えください。

図16 ●「英語学習経験」の実態と一般イメージの比較

項目	実態	一般
（英語圏で）1年以上海外留学した経験がある	13.7	25.5
（英語圏からの）帰国子女である	3.5	22.8
（英語圏で）海外勤務・駐在した経験がある	13.7	32.0
（英語圏以外で）1年以上海外留学した経験がある	3.2	5.8
（英語圏以外からの）帰国子女である	1.4	4.6
（英語圏以外で）海外勤務・駐在した経験がある	7.6	9.6
インターナショナルスクールに通ったことがある	3.5	11.5
勤務先で英語が公用語だったことがある	8.5	17.1
その他	4.4	0.2
該当なし・思い浮かばない	0.0	13.9
上記のような経験はなく、主に日本国内で英語を学習した	57.6	39.4

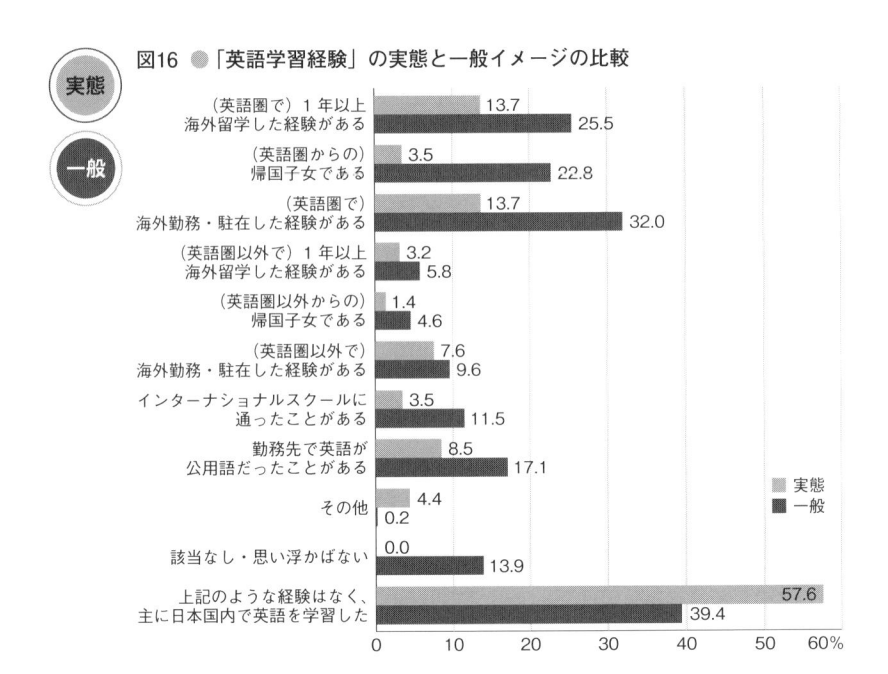

　図16にあるように、実態グループが一般グループを上回っているのは【主に日本国内で英語を学習した】のみだ。**海外経験を通じて英語を身につけたのだろうという一般的イメージとは異なり、実態は日本国内で地道に努力を重ねてきた学習者が大半であるようだ。**特徴を以下に挙げてみる。
　【主に日本国内で学習した】：実態57.6％、一般39.4％
　【英語圏で1年以上海外留学した経験がある】：実態13.7％、一般25.5％
　【英語圏で海外勤務・駐在した経験がある】：実態13.7％、一般32.0％
　また、実態グループの調査結果をTOEIC®スコアレンジで見ると、図17のようになる（表9は図17の元となる数値）。スコアが高いほど、国内のみで学習した割合が減り、海外経験の割合が高くなっている。図16で示している全体の数値と考え合わせると以下のような点が明らかになった。
・【主に日本国内で英語を学習した】人は全体で57.6％。465点以下グループの84.2％から860点以上グループの32.1％へと、スコアが高い人ほど割合が低い。
・【(英語圏で)1年以上海外留学した経験がある】人は470〜595点グループで4.2％、860点以上グループで38.2％と、スコアが高い人ほど割合が高い。

- 【(英語圏からの) 帰国子女】人は860点以上グループでも10.9％のみで、一般イメージの22.8％よりもずっと少ない。
- 【(英語圏で) 海外勤務・駐在した経験がある】人は470〜595点グループで8.5％、860点以上グループで21.8％と倍以上の差が見られる。

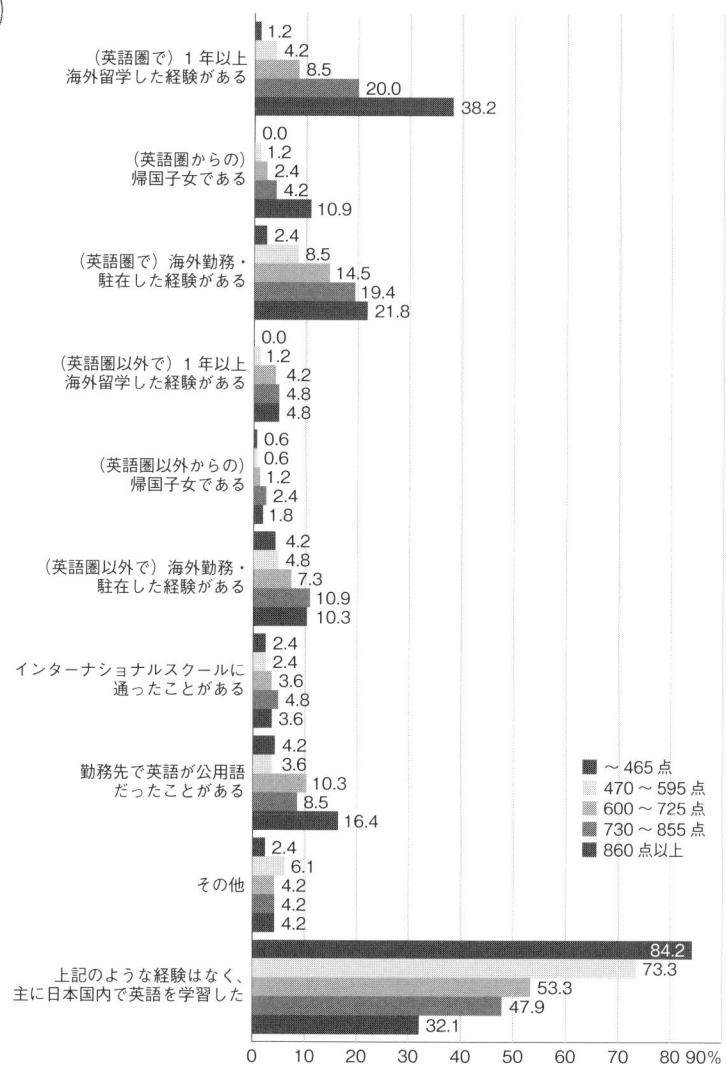

図17 ● TOEIC®スコア別「英語学習経験」の実態

（英語圏で）1年以上海外留学した経験がある
- 1.2
- 4.2
- 8.5
- 20.0
- 38.2

（英語圏からの）帰国子女である
- 0.0
- 1.2
- 2.4
- 4.2
- 10.9

（英語圏で）海外勤務・駐在した経験がある
- 2.4
- 8.5
- 14.5
- 19.4
- 21.8

（英語圏以外で）1年以上海外留学した経験がある
- 0.0
- 1.2
- 4.2
- 4.8
- 4.8

（英語圏以外からの）帰国子女である
- 0.6
- 0.6
- 1.2
- 2.4
- 1.8

（英語圏以外で）海外勤務・駐在した経験がある
- 4.2
- 4.8
- 7.3
- 10.9
- 10.3

インターナショナルスクールに通ったことがある
- 2.4
- 2.4
- 3.6
- 4.8
- 3.6

勤務先で英語が公用語だったことがある
- 4.2
- 3.6
- 10.3
- 8.5
- 16.4

その他
- 2.4
- 6.1
- 4.2
- 4.2
- 4.2

上記のような経験はなく、主に日本国内で英語を学習した
- 84.2
- 73.3
- 53.3
- 47.9
- 32.1

■ 〜465点
□ 470〜595点
■ 600〜725点
■ 730〜855点
■ 860点以上

表9 ● TOEIC®スコア別「英語学習経験」の実態

A：（英語圏で）1年以上海外留学した経験がある　B：（英語圏からの）帰国子女である
C：（英語圏で）海外勤務・駐在した経験がある
D：（英語圏以外で）1年以上海外留学した経験がある
E：（英語圏以外からの）帰国子女である　F：（英語圏以外で）海外勤務・駐在した経験がある
G：インターナショナルスクールに通ったことがある
H：勤務先で英語が公用語だったことがある　I：その他
J：上記のような経験はなく、主に日本国内で英語を学習した

点数	人数	A	B	C	D	E	F	G	H	I	J
全体	825	13.7	3.5	13.7	3.2	1.4	7.6	3.5	8.5	4.4	57.6
～465	122	1.2	0.0	2.4	0.0	0.6	4.2	2.4	4.2	2.4	84.2
470～595	174	4.2	1.2	8.5	1.2	0.6	4.8	2.4	3.6	6.1	73.3
600～725	210	8.5	2.4	14.5	4.2	1.2	7.3	3.6	10.3	4.2	53.3
730～855	195	20.0	4.2	19.4	4.8	2.4	10.9	4.8	8.5	4.2	47.9
860以上	124	38.2	10.9	21.8	4.8	1.8	10.3	3.6	16.4	4.2	32.1

(%)

考察+α

全体的に、一般グループは、【主に日本国内で英語を学習した】人（39.4％）、【（英語圏で）海外勤務・駐在した経験がある】人（32.0％）、【（英語圏で）1年以上海外留学した経験がある】人（25.5％）の順で多いと考えていた。一方、実態グループでは、【主に日本国内で英語を学習した】人（57.6％）が圧倒的に多く、他は15％未満だった。**「英語圏で海外勤務・駐在や1年以上の海外留学をした経験がなくても、職場で英語を使う可能性がかなりある」と知ることで、英語を将来仕事で使用することが身近に感じられる生徒・学生が増えるかもしれない。**

なお、【その他】での記述を見ると、多く見られた回答が、「仕事以外で、英語圏に1年未満の留学や滞在したことがある」（11名）、「英会話スクールに通った」（6名）、「仕事での出張や業務を通して学んだ」（6名）だった。仕事で英語を使う人の中でも英語学習の経歴は多様なようである。

07

仕事で英語を使う人の9割近くが英語学習を継続

> **調査結果**
>
> 仕事で英語を使っている人の学習頻度・時間に関しては、一般イメージと実態に大きなかい離はない。87.2%の人が仕事外の時間で英語学習を続けているのが実態である。

英語学習の頻度に関して調査した結果、【ほぼ毎日】【週に数回】【週1回程度】をまとめると、実態グループと一般グループのイメージはほぼ同じだった。しかしその違いに焦点を当てると、【ほぼ毎日】【英語は学習していない】と答えた一般グループの人は26.7%と23.3%で、実態の19.4%と12.8%より多くなっていた。一般的には「仕事で英語を使う人」というと、「英語力が高く、英語の学習が必要ない」というイメージを持つ人もいれば「ほぼ毎日こつこつ勉強している」というイメージを持つ人もいて、両極端なイメージがあるようである。

本調査では「学習頻度」と「学習時間」について、以下のように多肢択一方式で尋ねた。

（実態グループへの質問）

・仕事で英語を使っていた当時、どのくらいの頻度で仕事以外で英語を学習していましたか。
　※現在使っている方は、現在の状況についてお答えください。

・仕事で英語を使っていた当時、仕事以外で英語の学習時間はどのくらいでしたか。
　※現在使っている方は、現在の状況についてお答えください。

（一般グループへの質問）

・「英語を使って仕事をしている人」は、普段、どのくらいの頻度で「仕事以外で」英語を学習していると思いますか。

・「英語を使って仕事をしている人」は、普段、どのくらいの時間、仕事以外で英語を学習していると思いますか。

図18は仕事で英語を使う人の「学習頻度」を調べた結果を表している。【ほぼ毎日】【週に数回】【週1回程度】をまとめると、実態グループは66.4%、一般グルー

プのイメージは66.8％で、ほぼ同じであることが見て取れる。また、実態グループの【英語は学習していない】が12.8％だった。これは言いかえれば、英語を使って仕事をしている人の87.2％は英語を学習し続けている、ということにもなる（「学習時間」の実態と一般イメージの比較は、図19参照）。

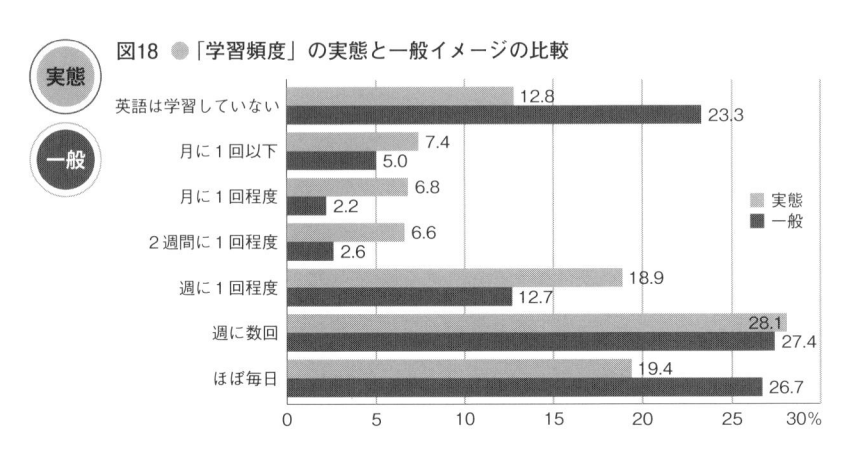

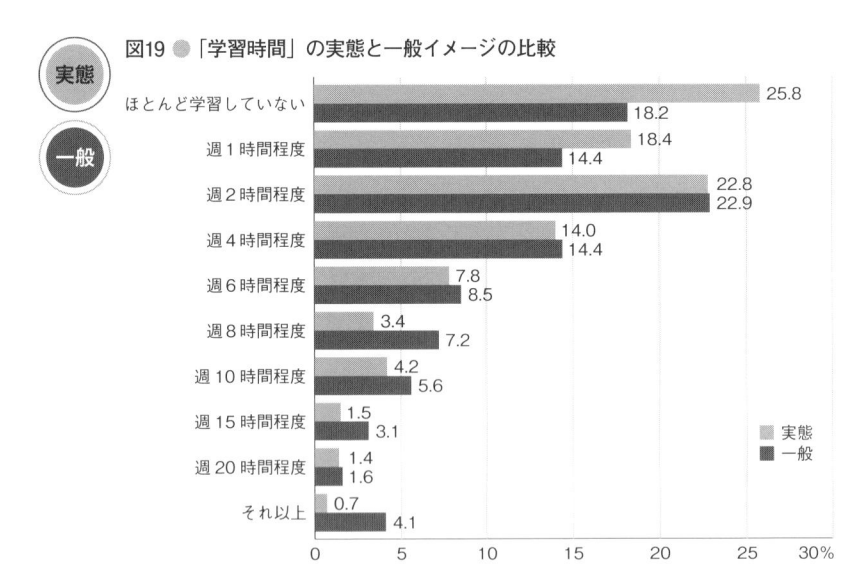

図18 ●「学習頻度」の実態と一般イメージの比較

	実態	一般
英語は学習していない	12.8	23.3
月に1回以下	7.4	5.0
月に1回程度	6.8	2.2
2週間に1回程度	6.6	2.6
週に1回程度	18.9	12.7
週に数回	28.1	27.4
ほぼ毎日	19.4	26.7

図19 ●「学習時間」の実態と一般イメージの比較

	実態	一般
ほとんど学習していない	25.8	18.2
週1時間程度	18.4	14.4
週2時間程度	22.8	22.9
週4時間程度	14.0	14.4
週6時間程度	7.8	8.5
週8時間程度	3.4	7.2
週10時間程度	4.2	5.6
週15時間程度	1.5	3.1
週20時間程度	1.4	1.6
それ以上	0.7	4.1

次にTOEIC®スコアレンジごとに見てみる。

図20・表10 ● TOEIC®スコア別「学習頻度」

実態

A：ほぼ毎日　B：週に数回　C：週に1回程度　D：2週間に1回程度
E：月に1回程度　F：それ以下
G：英語は（仕事以外で）学習していなかった（していない）

点数	人数	A	B	C	D	E	F	G
全体	825	19.4	28.1	18.9	6.6	6.8	7.4	12.8
860以上	124	39.4	20.0	9.7	1.2	3.6	6.7	19.4
730〜855	195	23.6	27.9	18.8	5.5	6.1	4.8	13.3
600〜725	210	15.8	35.8	21.2	6.7	6.7	5.5	8.5
470〜595	174	11.5	29.7	20.0	12.1	9.1	10.3	7.3
〜465	122	9.7	21.2	23.0	6.1	7.9	11.5	20.6

(%)

図21・表11 ● TOEIC®スコア別「学習時間」

実態

A：ほとんど学習していない　B：週1時間程度　C：週2時間程度
D：週4時間程度　E：週6時間程度　F：週8時間程度　G：週10時間程度
H：週15時間程度　I：週20時間程度　J：それ以上

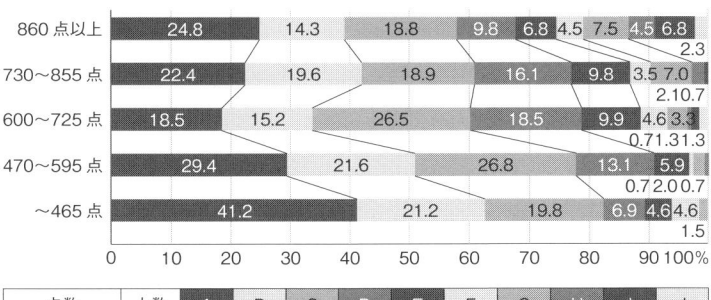

点数	人数	A	B	C	D	E	F	G	H	I	J
全体	719	25.8	18.4	22.8	14.0	7.8	3.4	4.2	1.4	1.5	0.7
860以上	100	24.8	14.3	18.8	9.8	6.8	4.5	7.5	4.5	6.8	2.3
730〜855	169	22.4	19.6	18.9	16.1	9.8	3.5	7.0	2.1	0.7	0.0
600〜725	192	18.5	15.2	26.5	18.5	9.9	4.6	3.3	0.7	1.3	1.3
470〜595	161	29.4	21.6	26.8	13.1	5.9	0.7	2.0	0.7	0.0	0.0
〜465	97	41.2	21.4	19.8	6.9	4.6	4.6	1.5	0.0	0.0	0.0

(%)

II-2 「社会人の英語使用実態調査」の結果

図20・図21（表10は図20の、表11は図21の元となった数値）によると、スコアに関わらず【週に数回】または【週に１回】、【週に１（または２）時間程度】学習する人が多いようだ。【ほぼ毎日】学習するというのが860点以上グループで39.4％と最多になっているのが特徴的である。**スコアが高い人は学習頻度が高く、学習時間も長くなっている傾向が見える。**

　また、図20、21からは次の特徴も読み取れる。

・【ほぼ毎日】学習している人はスコアが下がるにしたがって割合も下がっている（「860点以上」：39.4％、「600～725点」：15.8％、「465点以下」：9.7％）
・【週１回程度】学習している人は855点以下では、グループによる差が小さい（「860点以上」：9.7％、「600～725点」：21.2％、「465点以下」：23.0％）
・スコアグループごとに割合が最多の「学習頻度」を見ると、「465点以下」は【週１回程度】で23.0％、「470～595点」「600～725点」「730～855点」は【週に数回】、「860点以上」は【ほぼ毎日】となっている。860点以上のグループは英語のニュースなど毎日何らかの形で英語に触れている、ということかもしれない。
・最も割合の高い「学習時間」は【ほとんど（仕事以外で）学習していなかった】だが、600～725点グループのみが例外である。【週２時間程度】が最多の26.5％となっている。
・「学習頻度」の【ほぼ毎日】【週に数回】【週に１回程度】までの合計を見ると、600点以上の３グループにおいて、全体のほぼ７割の人が占めている。学習時間では【ほとんど学習していなかった】を除いてみると、470点以上の４グループにおいては、全体のほぼ７割～８割の人が占めている。熟達度が高い人のほうがより頻繁に長く学習する傾向が見られる。

08

世間のイメージと実態の
ギャップはどこに？

本調査の結果を7つの項目に限って詳細を見てきたが、
ここではその結果を横断的に見て、調査結果のまとめとしたい。

◦調査結果のまとめ◦

英語使用者に対する一般のイメージと実態には大きなかい離

　一般的に、仕事で英語を使っている人の3割以上が「海外勤務・駐在経験がある」とイメージされているのがわかった。しかし、その実態は10％超にとどまっており、業務で英語を使っている人の約6割が「日本の中だけで英語学習」してきたと回答した。また、英語使用者の「英語でほとんど誤りなくコミュニケーションができる」割合についても、実態は一般イメージより低いことが判明した。

仕事をしながら英語学習を継続

　仕事で英語を使っている人の9割近くが、学習の頻度や時間はまちまちでも英語学習を続けている。仕事で英語を使う人のうちの約36％がTOEIC®テスト600点未満の人であり、その人たちも仕事現場で「英語を話す・書く」を実行している。英語使用者は必ずしも高得点者ばかりでなく、一定の不自由さを抱えながら英語を使っている実態が浮き彫りとなった。

英語を使っているのは内勤系の人

　仕事で英語を使っている人の職種には、「技術」「企画」「総務」など「内勤系」が多く、一般的にイメージされがちな「海外営業・事業」はわずかであった。

ノンネイティブスピーカー同士で英語を使う

　英語を使用する仕事相手について、英語の「ネイティブスピーカー」と「ノンネイティブスピーカー」で大差ないことがわかった。仕事で英語を使っている人

は、TOEIC®スコアのどのレンジの人も英語で「メールを書く」「電話で話す」を実行している割合が非常に高いのが実態である。

TOEIC®スコア別まとめ

　一般イメージに反して、仕事で英語を使っている人は主に日本国内で学習してきた場合が多く、不自由なく英語を使いこなしている人は一部にとどまることがわかった。**TOEIC®スコアとの兼ね合いで見ると、①スコアの低い層も高い層も英語を使用していること、②「誰に対して」「英語を使って何をするのか」という業務内容に応じて、語学能力別に一定の役割分担をしつつ仕事を進めている様子が見えてきた。**

　TOEIC®スコアと「話す能力」との相関に関しては個人差が大きいことについては、「アルク英語教育実態レポート 2014」（株式会社 アルク, 2014）で示している。以下は本調査でわかった「仕事で英語を使っている人」の特徴をTOEIC®スコアレンジごとにまとめたものである。

【465点以下グループ】

　全体の14.8％を占める。英語を主に国内で勉強したのが8割強。現在は仕事以外で特に学習していない（仕事で使っていた当時、特に学習していなかった）とする人の割合が学習時間の点で4割強と5グループの中で最も高いが、週1～4時間英語を学習している人の割合を合算すると47.9％と他グループと大差ない。7割強の人が仕事でメールを書き、メールの相手はネイティブスピーカー、ノンネイティブスピーカーと同程度である。英語で話す場合の一部や書く場合のすべてで、仕事相手はノンネイティブスピーカーのほうが多い、というのがこのグループの傾向。

【470～595点グループ】

　全体の21.1％を占める。英語を主に国内で勉強したのが7割強。特に英語学習をしていないのは約3割だが、週に1～4時間学習している人を合算すると61.5％となり5グループ中最高割合を示す。メールを書くのは7割強で、その相手はネイティブスピーカーのほうがノンネイティブスピーカーよりやや多い。英語で話す・書く場合ともに、どのようなタスクを行うにしても相手はネイティブスピーカーがノンネイティブスピーカーを上回っている。

【600〜725点グループ】

全体の25.5％を占め、層が最も厚い。英語は主に国内で勉強したという人が5割強。英語学習をしていないのは2割弱だが、週に1〜4時間学習しているのは6割を超えている。8割の人が英語でメールを書いており、ネイティブスピーカー相手が約8割、ノンネイティブスピーカー相手が5割弱とその差が5グループ中最大になっている。英語を話す・書く相手はネイティブスピーカーのほうがノンネイティブスピーカーより多く、その差は他のグループで観察できる差より大きくなっている。

【730〜855点グループ】

全体の23.7％を占める。英語を主に国内で勉強したのが5割弱。仕事以外で英語を学習していないのは2割強、週1〜4時間学習するのは5割強である。メールを書くのは約8割で、相手が誰かによる大きな差はない。話す場合にも相手がネイティブスピーカー、ノンネイティブスピーカーでその割合に大きな差がない。

【860点以上グループ】

全体の15.0％を占める。英語を主に国内で学習した割合が約3割で5グループ中最低、英語圏で1年以上の留学・勤務体験がある人の割合が5グループ中で60.0％と最も高い。特に英語の学習時間を割いていないのが2割強、週1〜4時間学習しているのが4割強。5割強の人が英語で交渉を経験し、8割強の人が英語でメールを書いている。「話す・書く」場合ともに、相手がネイティブスピーカーの場合のほうがノンネイティブスピーカーよりも大きく、600〜725点グループの次にその差は大きくなっている。

最後に、本調査の限界点を2点述べておく。第一に、インターネット調査には、無作為抽出サンプルに比べて、高学歴で、専門技術職の人が多く回答する傾向があり（本多, 2005）、本調査もそれを考慮して解釈する必要がある。第二に、TOEIC®テストには「聞く・読む」セクションしかないため、そのテストスコアから、「話す・書く」こととの関連を見ても、一致しない部分が出てくることは避けられない。今後TOEIC®スピーキングテスト、ライティングテストやTSSTなど、「話す・書く」セクションを含むテストを使用しながら、調査をさらに進める必要がある。

09. 日本人にとって有用な「仕事の英語CAN-DO List」を開発、提示する

> アルク教育総合研究所では、今回の調査を通じて、ビジネスの現場で使われている英語の実態を把握するとともに、今後企業や教育機関で役立てられる「仕事の英語CAN-DO List」を作成することを検討している。

●今後の課題●
企業や教育機関での目標設定などに役立てられる指標を

今回の調査では、仕事で英語を使っている825人の仕事現場で話す・書くことに対する自己評価の程度と、TOEIC®テストや欧州評議会が提示したCEFR (Common European Framework of Reference for Languages; Council of Europe, 2009) のレベルとの関連も調べている。また「私は英語で〜ができる」という内容を募り、3000件を超える項目を集めている。アルク教育総合研究所では、この項目内容を精査、整理し、「仕事の英語CAN-DO List」を公表する予定である。その際には、各種テストの「スコア」「級」「レベル」が、仕事現場で英語を使って何ができると言える能力を示しているのかということをわかりやすく提示したいとしている。企業や教育機関での目標設定などに役立ててもらうのがねらいである。

2015年春現在、本調査については分析を進めているところであり、ここに結果全体を発表することはできないが、一例を挙げておきたい。

高スコア者ほど、自信や自己評価の度合いが高くなる

今回の調査対象者には、表12、13のCAN-DO項目それぞれについて、行う際の自信の程度を5段階の選択肢からひとつ選んでもらった。選択肢は以下のとおり。

1. 日本語で行うのも困難である
2. 英語で行う場合、不安がありできないが、日本語であれば行える
3. 英語で行う場合、非常に不安を覚えつつも何とかできる
4. 英語で行う場合、やや不安はありつつもできる
5. 英語で自信を持ってできる

数値が大きくなるに従って自信の度合いが高く、自己評価が高いと考えられる。

表12、13に示したCAN-DO項目は、独立行政法人 国際交流基金（2010）の『JF日本語教育スタンダード2010 利用者ガイドブック』の項目に基づいて作成した。これは日本語学習を念頭に作られたリストであるが、CEFRレベルごとに仕事に関する項目があり、本調査のように幅広い熟達度の英語学習においても使えると考えたためである。なお、分析では、回答者の自己評価での熟達度がどの程度かを総合的に推定するためにラッシュ分析を用いた。ラッシュ分析とは、テスト分析のための理論のひとつで、順序尺度である素点データを、間隔尺度に変換するための数理モデル（ラッシュモデル）に基づいている。回答者が選択した回答パターンを利用して、回答者の能力や項目の難易度を推定するモデルだが、ここではその分析の詳細は紙面の都合上、省略する。

表12 ● 使用したCAN-DO項目

「話すこと」について

	CEFRレベル	記述
1	A1	職場で、席を外している人が今どこにいるか、他の人に尋ねたり、答えたりすることができる。
2	A1	食事に招待されたとき、食べ物や飲み物についての好き嫌いを聞かれて、答えることができる。
3	A2	職場の定期的な会議で、自分の担当業務に関する現状や今後の予定などについて、自分に直接向けられた簡単な質問に答えたり、人の助けがあれば、自分の考えや賛意を示したりすることができる。職場の定期的な会議で、自分の担当業務に関する現状や今後の予定などについて、自分に直接向けられた簡単な質問に答えたり、人の助けがあれば、自分の考えや賛意を示したりすることができる。
4	A2	来客に自分の会社などを案内するとき、各部署や施設などを短い簡単な言葉で紹介することができる。
5	B1	職場の定期的な会議で、新しい商品開発など、議題の概要を理解し、事実確認をしたり、自分の意見を述べたりして、ディスカッションに参加することができる。
6	B1	ガイドとして有名な観光地などを案内するとき、あらかじめ準備してあれば、名所や名物などを、ある程度詳しく紹介することができる。
7	B2	会社などの職場で、取引先とトラブルがあったとき、トラブルの内容や取引先とのやりとりなどについて上司に正確に報告し、上司からの質問に答えたり、今後の対応について指示を受けたりすることができる。
8	B2	職場の企画会議などで、あらかじめ準備してあれば、自分の企画案について図表やグラフなどを示しながら、明確に詳しく説明し、質問に的確に対応することができる。
9	C1	問題解決や人事案件など、仕事上の目的に合った話し方や表現を用いて、自然な流暢さを保ったまま、顧客または同僚を相手に、自分の考えを正確に述べることができる。

※A1が最も基礎段階のレベルで、C1になるにつれ熟達度が上がる。

表13 ● 使用したCAN-DO項目

「書くこと」について

	CEFRレベル	記述
1	A1	職場で資料のコピーを頼むために、いつまでに何部必要かなどの短い簡単なメモを書くことができる。
2	A1	どこへ行ったか、何をしたかなど、その日にしたことを短い簡単な文でブログなどに書くことができる。
3	A2	旅先から、家族や友人に、訪れた場所などについて、短い簡単な文ではがきやメールなどを書くことができる。
4	A2	自分自身や家族、仕事、趣味など、基本的なことについての自己紹介文を短い簡単な文で社内報などに書くことができる。
5	B1	お世話になった人に、感謝の気持ちや近況などについて、ある程度詳しくお礼の手紙やメールなどを書くことができる。
6	B1	出張の目的や概要などを含む短い報告書を書くことができる。
7	B2	消費者アンケート調査などに基づいて、分析と考察を含む明快な報告書を書くことができる。
8	B2	出張に行った後で、出張先での業務内容や成果などについて、詳細な出張報告書を書くことができる。
9	C1	業務上の調査分析に関わる報告等複雑なテーマに関して、自分が重要と思う点を強調したり問題点を明確にしたりしながら、詳細にかつ相手にわかりやすく書くことができる。

※話すことと書くことともに項目9については、各種資料を参照したうえで独自に作成した。

　例えば、【職場の定期的な会議で、新しい商品開発など、議題の概要を理解し、事実確認をしたり、自分の意見を述べたりして、ディスカッションに参加することができる】（B１）に関して、TOEIC®スコアごとでの分布は、図22のようになった（表14は図22の元となった数値）。

　高スコア者ほど、自信や自己評価の度合いが高くなっているのは自然なことであろう。注目したいのは、「会議で自分の意見を言う」というタスクについてTOEIC®テスト470点台から855点の人たちの中に「非常に不安を覚えつつも、何とかできる」と考える人が多い（28.5〜40.6％）という結果である。ここでは「どの程度英語がうまくできるか」ではなく回答者の自信の程度を問うている。

図22・表14　TOEIC®スコア別　ある項目における自己評価

実態

A：■ 日本語で行うのも困難である
B：■ 英語で行う場合、不安がありできないが、日本語であれば行える
C：■ 英語で行う場合、非常に不安を覚えつつも、何とかできる
D：■ 英語で行う場合、やや不安はありつつも、できる　　E：■ 英語で自信を持ってできる

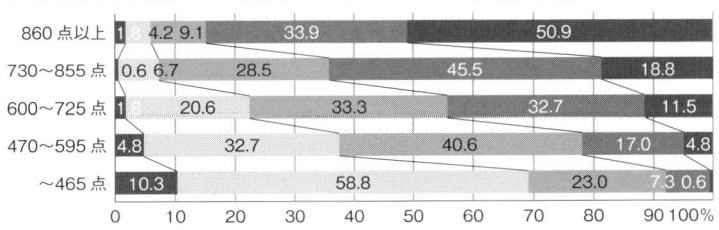

点数	人数	A	B	C	D	E
全体	825	14	102	208	255	247
860以上	124	1.8	4.2	9.1	33.9	50.9
730〜855	195	0.6	6.7	28.5	45.5	18.8
600〜725	210	1.8	20.6	33.3	32.7	11.5
470〜595	174	4.8	32.7	40.6	17.0	4.8
〜465	122	10.3	58.8	23.0	7.3	0.6

(%)

　さらに、本調査では表12、13のCAN-DO項目に5段階で答えてもらうことに加え、以下の形式に沿って、回答者に自分のCAN-DO項目を「話す」項目と「書く」項目について2つずつ書き出してもらった。

「話す」項目の質問

　あなたが、仕事において、英語で「話す」とき、どのようなシーンで話すことがありましたか（ありますか）。あなたが確実にできることの中で、より難しめの事例を、以下の例を参考に2つ記述してください。難しめの事例が社外だけ（社内だけ）の場合は、社外（社内）の事例を2つご記入ください。

【話題場面（誰とどんな時）】（自由回答欄）
【条件（何があれば）】（自由回答欄）
【対象（何について）】（自由回答欄）
【行動（何ができる）】（自由回答欄）

＊書くことの場合も上記の4項目と同様。

II-2　「社会人の英語使用実態調査」の結果　　187

> 「書く」項目の質問
>
> あなたが、仕事において、英語で「書く」とき、どのようなシーンで書くことがありましたか（ありますか）。あなたが確実にできることの中で、より難しめの事例を、以下の例を参考に２つ記述してください。難しめの事例が社外だけ（社内だけ）の場合は、社外（社内）の事例を２つご記入ください。

例として回答者に提示したものが以下である。

「話す」項目の例①（社内の人と）
【話題場面（誰とどんな時）】新規に配属された部署の上司との会話で、
【条件（何があれば）】相手がゆっくりとはっきりと話してくれれば、
【対象（何について）】自分の出身地、好きな物などのごく基本的な質問に対し、
【行動（何ができる）】戸惑いなく答えることができる。

「話す」項目の例②（社外の人と）
【話題場面（誰とどんな時）】新商品を相手に紹介したりする場面で、
【条件（何があれば）】話題が自分の仕事の専門分野のことであれば、
【対象（何について）】商品の仕様などやや専門的な事項に関する質問に対し、
【行動（何ができる）】細かな情報を付け加えながら質問に答えることができる。

「書く」項目の例①（社内の人と）
【話題場面（誰とどんな時）】結婚した同僚を祝う寄せ書きなどで、
【条件（何があれば）】お手本や辞書があれば、
【対象（何について）】「結婚おめでとうございます」などと短いお祝いの文を、
【行動（何ができる）】書くことができる。

「書く」項目の例②：（社外の人と）
【話題場面（誰とどんな時）】新商品の仕様などやや専門的な事項を聞かれたときに、
【条件（何があれば）】相手もある程度の専門知識を持っていれば、
【対象（何について）】新商品と旧商品の違いについて、
【行動（何ができる）】論点を絞ってメールを書くことができる。

【総務・人事】【製造業】の場合で、試行的に話すことのCAN-DOリスト作成をしてみた。まず、回答者が書いたCAN-DO項目を読み、指示に合わないことを書いたもの、記述に重複が多いもの、記述にあいまいさがあり解釈が必要なものなどを除いた。その後、若干の修正を施してまとめたのが表15である。表の上から下に向かって、徐々に複雑な話すことの記述が見られるようになっていく変化が読み取れる。

　なお、表15でのCEFRレベルは、表12、13のCAN-DO項目それぞれについて、回答者が自信度の度合いを選択したデータに基づき、「話すこと」「書くこと」別々にラッシュ分析を行った結果得られた、回答者での自己評価の熟達度による区分である。そのため、実際のテスト得点に基づくTOEIC®スコアと、CEFRレベルでは、ずれがあるところも見られる。

表15 ●【総務・人事】【製造業】における話すことの【仕事の英語CAN-DOリスト】の例

TOEIC®スコア	CEFRレベル	話題場面（誰とどんな時）	条件（何があれば）	対象（何について）	行動（何ができる）
～465	A1未満	クレーム時に先方の担当と	相手がゆっくり話してくれれば	購入品の修理対応について	もたつきながら相手に伝えられる
		旅行の手配で、先方のオペレータと	相手がゆっくり話してくれれば	自分の意図を	もたつきながら相手に伝えられる
		英語研修で	事前例題などがあれば	それを自分に置き換えて	発表できる
		電話で	相手がゆっくり話してくれれば	仕事について	答えられる
		展示会や電話で客と	ゆっくり話してくれれば	日常会話の	話ができる
470～595	A1未満	製品の問い合わせ時に海外ユーザーと	（なし）	石油製品または化学製品について	扱えるか判断し担当部署につなぐことができる
	A1	外国の取引先の人が	ゆっくり話してくれれば	複雑でない仕事の話なら	何とか持ちこたえられる
		外国の友人と	普通に	普段の生活のことを	何とか話せる
600～725	A1未満	電話、会議で	日常的に	スケジュールについて	いろいろリクエストできる
		海外出張時の場合電話で	（なし）	空き部屋、空席確保について	いろいろリクエストできる
		新商品を相手に紹介したりする場面で	相手がゆっくりとはっきりと話してくれれば	商品の仕様などやや専門的な事項に関する質問に対し	戸惑いなく答えることができる

		新規に配属された部署の上司との会話で	話題が自分の仕事の専門分野のことであれば	自分の出身地、好きな物などのごく基本的な質問に対し	細かな情報を付け加えながら質問に答えることができる
		外国からの電話で相手が誰かに電話を繋いでほしい時	（なし）	部署名、名前を聞き取り	電話を繋ぐことができる
		外国人のお客さまが来たとき	英語の原稿を作れば	英語で	工場案内ができる
	A2	プロジェクトに関する話をするときに	相手がゆっくり話してくれれば	相手が聞いている質問に対して	ある程度の文の形で答えることができる
		自分が用意した資料を説明するときに	内容がその資料に関することであれば	やや専門的な内容に関する質問に対して	知っている情報を話すことができる
	B1	相手先と	相手がゆっくり話してくれれば	ビジネス上の問題を	解決できる
		同僚と	クリアに話してくれれば	諸問題を	解決できる
	B2	社内の人と	ゆっくり会話すれば	世間話や仕事の進め方について	スムーズに会話できる
730〜855	A1未満	電話で	相手がゆっくりと話してくれれば	用件を聞き	上司に伝えることができる
		社外の人と	直接顔を合わせていれば	国内旅行について	一緒に出かけられる
	A1	海外拠点の担当者と	（なし）	人事について	ある程度相手に内容を理解させることができる
860〜	B2	外国から訪問された人と	ゆっくり話してもらえれば	専門的な質問に	かなり詳細に答えることができる
	C1	遠距離で面接をするときに	テレビ会議システムがあれば	採用するかどうか	話して決められる
		海外現地法人の技術者へプレゼンテーションをするとき	図入り資料があれば	技術の内容について	通訳できる

　本調査では、既存のCAN-DO記述文のラッシュ分析を行い、使用した項目や方法が適切であることを確認した。今後は、図22に例を示したように、自己評価と回答者のTOEIC®スコアとを参照しつつ、回答者自身が記述した「〜ができる」という項目内容を精査していく作業を続けていく予定である。詳細な検討、分析の後に、アルク教育総合研究所では、日本人にとって有用な「仕事の英語CAN-DOリスト」を開発し、企業や教育機関で便利に使える「英語を使ってできること」の能力指標の、ひとつのモデルを提示することを目指していく。

引用文献　ベネッセ教育総合研究所 (2014). 『中高生の英語学習に関する実態調査 2014 速報版』東京：著者. Retrieved from http://berd.benesse.jp/up_images/research/Teenagers_English_learning_Survey-2014_ALL.pdf

独立行政法人 国際交流基金 (2010). 『JF 日本語教育スタンダード 2010 利用者ガイドブック (第二版)』埼玉：著者. Retrieved from http://jfstandard.jp/pdf/jfs2010ug_all.pdf

本多則惠 (2005). 「社会調査へのインターネット調査の導入をめぐる論点―比較実験調査の結果から―」『労働統計調査月報』, 57 (2), 12-20. Retrieved from http://www.jil.go.jp/institute/reports/2005/documents/017_geppo.pdf

一般財団法人 大学英語教育学会 (JACET) EBP (English for Business Purposes) 調査研究特別委員会・一般財団法人 国際ビジネスコミュニケーション協会 (IIBC) (2014). 『JACET-IIBC 共同プロジェクト 企業が求めるビジネスミーティング英語力調査報告書』東京：著者

一般財団法人 国際ビジネスコミュニケーション協会 (IIBC) (2013). 『2013 年「上場企業における英語活用実態調査」報告書』東京：著者. Retrieved from http://www.toeic.or.jp/library/toeic_data/toeic/pdf/data/katsuyo_2013.pdf

株式会社 アルク (2014). 『アルク英語教育実態レポート 2014』東京：著者. Retrieved from http://www.alc.co.jp/company/report/pdf/alc_report_20140318.pdf

小池生夫・寺内一・高田智子・松井順子・財団法人 国際ビジネスコミュニケーション協会 (2010). 『企業が求める英語力』東京：朝日出版社

Council of Europe. (2009). *Relating language examinations to the Common European Framework of Reference for Languages: Learning, teaching, assessment (CEFR): A manual.* Strasbourg, France: Language Policy Division. Retrieved from http://www.coe.int/t/dg4/linguistic/source/manualrevision-proofread-final_en.pdf

寺沢拓敬 (2013). 「『日本人の 9 割に英語はいらない』は本当か？―仕事における英語の必要性の計量分析―」『関東甲信越英語教育学会誌』, 27, 71-83. Retrieved from http://ci.nii.ac.jp/naid/110009807100

寺沢拓敬 (2014). 「日本社会は『英語化』しているか―2000 年代後半の社会調査の統計分析から―」『関東甲信越英語教育学会誌』, 28, 97-108.

あとがきにかえて
グローバル教育の
ゆくえ

文責 ● 平本照麿（株式会社アルク創業者／代表取締役会長）

グローバル教育のゆくえ

教育は国際標準化、国際競争の時代へ

　情報が一瞬にして世界を駆け巡るインターネットの出現は、必然的に世界のグローバル化を加速させています。ネット社会の革命的な変化の中で、今、教育もグローバル化の潮流にさらされています。

　グローバル教育の最前線を追って、下村博文文部科学大臣をはじめ、教育の先端に携わるさまざまな方々への取材に立ち合い、痛感したことがあります。

　日本の教育は、いま抜本的な変容を迫られているということです。教育のグローバル化は英語教育だけの問題ではありません。教育制度の根幹から見直しを迫られているということです。

　グローバル化の波は教育の国際標準化、国際競争時代の到来でもあります。従来の日本の画一的な教育は、グローバル時代に逆行しているのではないでしょうか。

　文部科学省が日本への留学生増を目指した「グローバル30」というプログラムで国内主要大学の国際化を図り、中学・高校などの国際バカロレア（IB）認定校を200校に増やすといった施策は、まさにその一連の動きだと思います。

　インターナショナルスクールの教育現場を視察して痛感したことは、教師が一方的に生徒に教えるのではなく、生徒からの自発的答えを引き出す教育だということです。生徒は与えられた知識を詰め込むだけではなく、自分の頭で考え結論を導き出すわけです。この「与える教育」から、「引き出す教育」への転換は、創造性を育むうえで大きな違いをもたらすと思います。

　そのために「我とは何ぞや」という哲学的な課題を、小学生の頃から問いかけると聞いてびっくりしました。親や先生の言うことを黙って聞きなさい、という日本の教育とは大違いです。

　子どもの頃から自我の確立を目指すということは、自分の頭で考え、

判断して、行動するための基盤を作ることだと思います。

頭がいいか悪いか、美人かブスか、金持ちかビンボウ人か……

　グローバル時代に重要になるのは、Diversity（多様性）に対する理解と容認です。国際的な紛争や対立は、宗教や歴史、文化、風習等の多様性を認めないことに起因しているといっていいでしょう。むしろ違いがあるからいいのだ、という考えに立つことにより、はじめてコミュニケーションが成立するのではないでしょうか。

　その考え方を深掘りすると、Gender（性差）の問題も含めて、個人の尊重、人間の平等といったヒューマニズムの原点に突き当たると思います。Genderの問題は、単に女性の社会進出の機会を増やす、などという単純なものではないはずです。むしろ男女の違いやバイセクシャルを認めたうえで、尊重する気持ちが大切だと思います。身体障害者や知的障害者も社会の弱者としてではなく、ひとつの個性としてみなし、偏見や既成概念を払拭することです。
　知識を詰め込み、それを問う受験制度が容認される社会では、記憶力のいい生徒が秀才としてエリートコースに乗り、出世して良い生活が約束されるという、お決まりのレールが敷かれています。
　その結果「頭がいいか悪いか、美人かブスか、金持ちかビンボウ人か」といったステレオタイプな価値基準がまかり通るわけです。もし人間の真の価値が、個差にあるのだという考えに立脚すれば、従来の価値観はひっくり返ります。
　教育の根幹に、個差を見出し、それを尊重し育む理念があれば、埋もれた才能や創造性の発掘にもつながると思います。教師は生徒ひとり一人の個性を発見して、それを伸ばす役割を果たすことによって、いじめの問題の解決にもつながるのではなのではないでしょうか。

変わり始めた日本の英語教育

　これまで数多くの有識者の提言や教育論争がありましたが、所詮、日本の英語教育は明治以来変わらないといわれてきました。しかしここへきて大きな変化が起こり始めました。グローバル化の大きな潮流の中で、英語を世界共通言語とするコンセンサスが生まれたことです。

　英語教育は上から変えなければだめだという主張で、TOEICを開発した故北岡靖男氏の貢献も大きいと思います。日本のあらゆる企業が英語教育の目安としてTOEICを採用して、今や日本における年間受験者は240万人といわれています。TOEICはあくまでもビジネスコミュニケーション能力を測るテストです。企業が求める英語力を目指して大学の英語も大きく変わり始めました。

　つまり知識偏重の試験からコミュニケーション重視へと大きく舵を切り始めたのです。アルクはおよそ半世紀前に、コミュニケーションの道具としての英語を目指して、月刊『The English Journal』を創刊しました。今やっと、その提唱が現実的になってきたと思います。

IT技術の進化が迫る教育改革

　ICT（情報コミュニケーション技術）による教育の変革は英語教育にとどまりません。MOOC（大規模公開オンライン講座）に代表されるようなグローバル教育のインフラが出現、EdTech（「Education」と「Technology」を組み合わせた造語）という言葉も生まれました。学習プラットフォームがデファクト化し、スマートフォンのようなポケットに入るコンピューターをだれもが学習ツールとして使うようになるでしょう。

　ICTはクラウド上に学習コンテンツや学習履歴を格納して、教材をカスタマイズ化し、アルゴリズム解析によって徹底した個別指導を行う、といった従来の教育環境では考えられなかった方向へ向かっています。すでに映像による授業の配信、オンラインによる会話訓練、アプリによ

る隙間学習等は当たり前になっています。これからのデジタル世代の学習環境に従来の教育がどう対応していくか、今、日本の教育界に突きつけられているもう1つの大きな課題ではないでしょうか。

英語教育改革には英語教師のグローバル対応が欠かせない

　どんなに科学技術が進化しても、人間が介在しない教育はあり得ません。それどころか今まで以上に教員の役割が重要になってくると思います。ただ教育のパラダイムが根底から変わろうとしている今、英語教師のグローバル対応、ICTのスキルアップが必要になってきます。文部科学省は2020年までに、すべての生徒にタブレットを待たせるとしています。

　この機会に英語教育は小学校から高校まで通期一貫で、コミュニケーションのための英語学習を目指すシラバスと教材の制作を用意する必要があります。また新しい時代の英語教育に対応するため、遠隔による「グローバル言語教育大学院」を創設して、英語教師のスキルアップを図ることが必要です。

　ICTを生かしたディスタンスラーニングでは、現行の授業を犠牲にせずに学べ、なおかつ実践教育に応用しながら修士号を取得できるメリットがあります。また教師が相互にインスパイアーできるコミュニティの構築も有効だと思います。

　この大学院大学でこれから必要になる小学校の英語教師、日本語教師、教師をバックアップする専門インストラクター、留学のカウンセラー等の養成を急ぐべきです。またTESOL（英語教授法）、IBの資格といった海外の教育法の資格も取得できるコースも必要です。当然海外留学や集中合宿を通して、英語による授業法もブラッシュアップします。高校の英語教師はマスターを取得することを条件にするべきでしょう。

日本語教育は、日本の繁栄に欠かせない重要課題

　グローバル教育のもう一方の重要な課題は日本語教育です。
　少子高齢化社会の到来は、医療や保健制度の問題だけではなく、労働力不足や学校経営にも大きな影を落としています。人口が減少していく国が繁栄することはありません。
　この問題の抜本的な解決は移民の受け入れです。しかし、移民に賛成する日本人は51％（ドイツは82％）という数字が朝日新聞世論調査で報じられたように、日本には移民を受け入れる土壌がまだできていません。移民という言葉自体に、食い詰めた人たちが海外に出稼ぎに行くといったネガティブな響きがあります。
　いっそ海外市民（OverSeas Citizen OSC）といった名称に変えてはどうでしょう。日本がこれからも経済発展を続け、少子高齢化の問題を解決するためには少なくとも2000万人以上の外国人を受け入れる必要があるでしょう。それでも他の先進国に比べて決して多いとは言えません。
　2020年の東京オリンピック・パラリンピックの開催は日本のグローバル化を促進して、広く海外に"平和ニッポン"をアピールするまたとないチャンスです。日本を訪れる外国人観光客は2015年には年間1500万人に達するといわれています。おそらく2020年までに累計1億人以上の外国人が日本を訪れることになるでしょう。世界の日本語学習者は400万人といわれていますが、中国語学習者4000万人の10分の1にしかすぎません。せめて日本語学習者を1000万人以上に増やして、観光客だけではなく日本に移住する外国人を増やすことです。そのために、外国人が定住しやすい環境つくりと受け入れ態勢の整備が不可欠です。
　都市部だけではなく過疎化対策として地方自治体も真剣に取り組むべき重要課題だと思います。ビザの問題から健康保険、失業保険、金融サービス、日本語教育、歴史や文化を含む日本事情の理解、定住者のための市民テストなど解決すべき課題は多々ありますが、外国人を受け入れるためにはその土壌つくりが不可欠です。

いちばん大切なことは日本人自身のDiversityへの理解と容認、同時に教育者、ジャーナリスト、マスメディアの果たすべき役割も大きいと思います。

　真のグローバル社会が到来したとき、地球はひとつというコンセプトに基づく世界平和に、唯一の被爆国である日本が大きな貢献を果たす日が来るでしょう。

2015年5月
平本照麿
（株式会社アルク創業者／代表取締役会長）

アルク選書シリーズ
グローバル教育を考える

発行日　2015 年 6 月 18 日（初版）

　　　監修　アルク教育総合研究所
　　　編集　文教編集部、株式会社エスクリプト
I 部執筆協力　田中洋子、寺尾由美、松岡一郎、山本 南、脇 ゆかり
　　デザイン　松本君子
　　　DTP　株式会社創樹
　印刷・製本　平河工業株式会社
　　　発行者　平本照麿
　　　発行所　株式会社アルク
　　　　　　　〒168-8611 東京都杉並区永福 2-54-12
　　　　　　　TEL：03-3327-1101　FAX：03-3327-1300
　　　　　　　Email：csss@alc.co.jp
　　　　　　　Website：http://www.alc.co.jp/

地球人ネットワークを創る
アルクのシンボル
「地球人マーク」です。

本書に記載の情報は特に断りのない限り、2015 年 4 月現在のものです。
落丁本、乱丁本は弊社にてお取り換えいたしております。
アルクお客様センター（電話：03-3327-1101　受付時間：平日 9 時～17 時）までご相談ください。
本書の全部または一部の無断転載を禁じます。著作権法上で認められた場合を除いて、本書からのコピーを禁じます。
定価はカバーに表示してあります。

©2015 ALC PRESS INC.
Printed in Japan.
PC：7015026
ISBN：978-4-7574-2639-9

アルク選書シリーズ
グローバル教育を考える

発行日　2015年6月18日（初版）

　　　監修　アルク教育総合研究所
　　　編集　文教編集部、株式会社エスクリプト
I部執筆協力　田中洋子、寺尾由美、松岡一郎、山本 南、脇 ゆかり
　　デザイン　松本君子
　　　DTP　株式会社創樹
　印刷・製本　平河工業株式会社
　　　発行者　平本照麿
　　　発行所　株式会社アルク
　　　　　　〒168-8611 東京都杉並区永福2-54-12
　　　　　　TEL：03-3327-1101　FAX：03-3327-1300
　　　　　　Email：csss@alc.co.jp
　　　　　　Website：http://www.alc.co.jp/

地球人ネットワークを創る
アルクのシンボル
「地球人マーク」です。

本書に記載の情報は特に断りのない限り、2015年4月現在のものです。
落丁本、乱丁本は弊社にてお取り換えいたしております。アルクお客様センター（電話：03-3327-1101　受付時間：平日9時～17時）までご相談ください。
本書の全部または一部の無断転載を禁じます。著作権法上で認められた場合を除いて、本書からのコピーを禁じます。
定価はカバーに表示してあります。

©2015 ALC PRESS INC.
Printed in Japan.
PC：7015026
ISBN：978-4-7574-2639-9

いちばん大切なことは日本人自身のDiversityへの理解と容認、同時に教育者、ジャーナリスト、マスメディアの果たすべき役割も大きいと思います。

　真のグローバル社会が到来したとき、地球はひとつというコンセプトに基づく世界平和に、唯一の被爆国である日本が大きな貢献を果たす日が来るでしょう。

2015年5月
平本照麿
（株式会社アルク創業者／代表取締役会長）